AUS LIEBE ZUM LANDLEBEN

Von Landschweinen,

Weiderindern, Biogockeln und regionaler Kochkultur

AUS LIEBE ZUM LANDLEBEN

Von Landschweinen,

Weiderindern, Biogockeln und regionaler Kochkultur

von

Rudolf Bühler und Marlisa Szwillus

Dort-Hagenhausen-Verlag

Inhalt

Mitten in der Stadt beschreibt man das Landleben am schönsten.
JULES RENARD

Ein Wort zuvor ...
... von Rudolf Bühler

Kochkultur und Erzeugerkultur gehören zusammen, sie bedingen sich gegenseitig. Wenn das eine fehlt, geht das andere nicht. Ohne das gute Lebensmittel, welches von den Bauern in Verantwortung für die Schöpfung und mit Hingabe zur Natur erzeugt wurde, kann weder dem Hobby- noch dem Sternekoch ein gutes Mahl gelingen. Gute landwirtschaftliche Erzeugnisse wiederum werden erst durch die Kunst von Koch und Köchin wirklich veredelt.
Dieses Buch über regionale Kochkultur würdigt beide Seiten gleichermaßen. Da ist zum einen die Liebe der Bauern zu ihrer Scholle und zu ihren Tieren, die sie mit ihrem ureigenen Sinn für Nachhaltigkeit und für ein Leben mit und nicht gegen die Natur artgerecht halten und aufziehen.
Und da ist zum anderen die Liebe der Köchinnen und Köche, die mit Passion, Bedachtsamkeit und Hingabe aus dem guten Fleisch mit ihrem Geschick und Können einen guten Sonntagsbraten zubereiten.
Dieses Buch von der „Liebe zum Landleben" sei all jenen gewidmet, die sich ein tieferes Verständnis des Lebens erschließen und mit Hingabe regionale Ess- und Erzeugerkultur verstehen und erleben wollen.

Rudolf Bühler, Gründer und Vorstand der Bäuerlichen Erzeugergemeinschaft Schwäbisch Hall e.V.

Nichts kommt dem Landleben gleich. Es vermittelt mehr echte Freuden als irgendeine andere Lebensweise.
KATHERINE MANSFIELD

In der Küche ...
von Marlisa Szwillus

Lust auf Fleisch? Aber natürlich! Ein Stück gutes Fleisch auf dem Teller ist kulinarisches Glück. Vor allem, wenn es butterzart auf der Zunge zergeht. Um das so hinzubekommen, braucht man ein wenig Know-how. Deshalb erfahren Sie auf den Warenkunde-Seiten, in welche Teile der Metzger Schwein, Kalb, Rind, Lamm und Geflügel zerlegt. Und welche Stücke davon einen guten Braten abgeben oder ein saftiges Steak. Welche am besten sanft geschmort werden oder sich gut zum Kurzbraten und Grillen eignen. Ergänzend dazu gibt es viele praktische Tipps und Infos.
Begleiten Sie uns auf eine kulinarische Reise durch Deutschland und seine vielfältige Fleisch-Küche. Regionale Klassiker sind ebenso dabei wie lokale Spezialitäten. Traditionelles wird ab und zu auch modern interpretiert. Die Rezepte sind mal für ein Essen zu zweit angelegt, mal für vier Personen oder auch mal für eine größere Runde. Also eine abwechslungsreiche Mischung für die Alltagsküche wie für Wochenend- und Feiertagsessen. Ich wünsche Ihnen Zeit zum Genießen.

Marlisa Szwillus, kulinarische Journalistin und Autorin

Was ist gutes Fleisch?

Von glücklichen Tieren und zufriedenen Kunden

Ein gutes Essen ist Balsam für die Seele.
SPRICHWORT

Wirklich gutes Fleisch

Wirklich gutes Fleisch kommt von alten Landrassen und Tieren, die mit gesundem Futter und ihrer Art gerecht aufgezogen wurden. Tiere sind unsere Mitgeschöpfe und sie sollen in ihrem kurzen Leben nicht leiden, sondern ihrer Würde gerecht leben dürfen. Allein glücklich aufgewachsene Tiere liefern die Grundlage für gutes Fleisch.
Doch damit ist es nicht genug. Der Anspruch an hohe Fleischqualität ebenso wie die Verantwortung im Umgang mit dem Leben verlangen auch ein tierschutzgerechtes, stressfreies Schlachten, ohne dass die Tiere leiden müssen.
Wirklich gutes Fleisch ist ein hohes Kulturgut – und ein gesundes Lebensmittel. Wenn es mit Respekt und Verantwortung für die Natur erzeugt wurde, dann dürfen wir es auch mit gutem Gewissen genießen als unverzichtbaren Bestandteil und als Krönung regionaler Koch- und Esskultur.
Wir müssen nicht täglich Fleisch essen. Aber gutes Fleisch dürfen wir zu besonderen Anlässen gern genießen. Dann wird Genuss sogar zu einer politischen Handlung, weil der Verzehr guten Fleischs den ethisch verantwortbaren Umgang mit Tieren und unserer Schöpfung fördert und unterstützt.

Fleisch – ein Plädoyer für mehr Geschmack

Jeder kennt die Sonderangebote aus dem Discounter: Steaks für 89 Cent! Oder noch billiger. Dies ist allgegenwärtige Realität – und doch gibt es eine immer größere Anzahl von Menschen, die diesen Unsinn nicht mehr unterstützen wollen und zum guten Fleisch greifen, direkt vom Bauern oder vom Fleischerfachgeschäft. Sie möchten es genau wissen: Von wo kommt das Fleisch her und wie wurden die Tiere aufgezogen? Ohne Antibiotika und Medikamente, mit natürlichem Futter und ohne Gentechnik? Kommen sie aus der Region und wurden sie verantwortungsbewusst geschlachtet? Wurde das Fleisch fachgerecht zerlegt und hygienegerecht gelagert? Die Antworten können in der Regel nur der betreffende Bauer oder der Metzger geben.

Wenn wir aus dem Rohstoff Fleisch ein genussvolles Essen zubereiten wollen, dann sind aber auch noch andere Faktoren wichtig: vor allem die Behandlung und Warenpflege nach der Schlachtung.

Die Marmorierung

Entscheidend für einen guten Fleischgeschmack ist zunächst einmal eine feine Marmorierung. Eine solche Marmorierung (oder auch intramuskuläres Fett) ist genetisch vorgegeben: Die alten Landrassen haben grundsätzlich eine deutlich bessere Marmorierung als Hybridschweine. Und dieses intramuskuläre Fett ist der Geschmacksträger im Fleisch. Auch die Fütterung beeinflusst sehr stark die Fettqualität: gutes, natürliches Mastfutter mit Erbsen, Bohnen und Getreide ergibt hochwertiges Fett. Substitute und Billigfuttermittel ergeben traniges und minderwertiges Fett.

Die Fleischreifung

Ein weiterer Qualitätsmaßstab für gutes Fleisch ist natürlich, dass es zart ist. Dazu muss Fleisch reifen. Während das Wurstfleisch möglichst schlachtwarm verarbeitet werden muss, brauchen die edlen Teile Zeit und eine optimale Temperatur von 4 bis 5 °C, um Zartheit und Geschmack zu entwickeln.

Rindfleisch reift am Besten 2 bis 3 Wochen am Knochen, um anschließend ausgebeint nochmals gut eine Woche nachzureifen, bis es sein Optimum erreicht hat. Die Franzosen sind hier Weltmeister, wer einmal durch die Hallen von Rungis flaniert ist, weiß das. Edle Fleischqualitäten, die auf der Zunge zergehen und den Gaumen kitzeln, haben einen unvergleichlichen „Gout". Gute Fach-

WISSENSWERT

Gewürzkultur

Zum guten Fleisch gehört ein gutes Naturgewürz. Während Küchenkräuter schon seit Jahren wieder Einzug in die gute Küche gehalten haben, sind echte und gute Gewürze noch eine Seltenheit. Doch auch hier bahnt sich eine Renaissance an. Gute, ökologisch angebaute Gewürze von traditionellen Landsorten oder aus kontrollierter Wildsammlung bereichern wieder den guten Fleischgeschmack. Zu empfehlen ist z. B. der echte Urwaldpfeffer aus den Bergen Südindiens oder das von Hand gepflückte, luftgetrocknete und auf Steinmühlen vermahlene Paprika aus der serbischen Donautiefebene Vojvodina in Geschmacksrichtungen von edelsüß bis rosenscharf (erhältlich unter www.shop.besh.de).

metzgereien haben heute einen verglasten Reifeschrank hinter der Theke, wo der Kunde sein gereiftes „Dry aged Beef“ auswählen kann nach individuellem Reifegrad und Teilstück. Der Metzgermeister schneidet sodann die edlen Teile fachgerecht und portionsgerecht zu.

Wichtig zu wissen ist auch, dass nicht jedes Stück Fleisch die Fähigkeit zum Reifen entwickelt. Vor allem bei Rindern, die vor der Schlachtung durch überlange Transporte oder grobe Behandlung gestresst wurden, entsteht leimiges Fleisch, das sogenannte DFD Syndrom (s. S. 77). Leimiges Fleisch bleibt zäh wie eine Schuhsole und wird vom fachkundigen Metzger von vornherein aussortiert.

Nur wenige Fleischkenner wissen, dass auch Schweinefleisch reifen kann und sollte. Nicht so lange wie Rindfleisch, doch gutes Schweinefleisch darf gerne bis zu einer Woche reifen. Voraussetzungen hierfür sind wiederum alte Landrassen, die noch über die genetische Disposition zur Fleischreifung verfügen, sowie eine tierschutzgerechte Schlachtung. Der allgemeine Frischewahn bei Discounter-Angeboten dient nur dazu, dies zu kaschieren. Billig erzeugtes Fleisch muss frisch verkauft werden, weil es die Disposition zur Reifung verloren hat.

Auch beim Lamm empfiehlt es sich, die edlen Teile 8 bis 10 Tage reifen zu lassen, bevor die Koteletts in die Pfanne oder die Keulen mitsamt Knochen in den Römertopf wandern.

Rudolf Bühler, hier mit Schwäbisch-Hällischem Ferkel auf dem Arm, gilt als Retter des Schwäbisch-Hällischen Landschweins, welches in den 1980er-Jahren als ausgestorben galt.

Vom artgerechten Schweineglück

Haustiere sind unsere Mitgeschöpfe und begleiten uns seit Menschengedenken. Sie haben eine Seele wie wir Menschen und leiden, wenn sie gequält werden oder unter tierwidrigen Umständen leben müssen. Und was für Haustiere wie Hund und Katze gilt, gilt auf einem Bauernhof auch für Nutztiere wie Hühner, Gänse, Schafe, Ziegen, Rinder und Schweine.
Wie Haustiere werden natürlich auch Nutztiere vom Menschen gezüchtet. Die züchterische Arbeit mit den Tieren nennt man Domestikation. Und sie folgt seit Tausenden Jahren dem gleichen Prinzip: Auswahl der besten Tiere einer Herde und deren Vermehrung, um vor allem die erwünschten Eigenschaften an die Nachkommen weiterzureichen. Ein Nutztierzüchter spricht von Selektion und gezielter Anpaarung.
Doch während in der konventionellen Landwirtschaft Nutztiere jahrzehntelang auf die spezifischen Bedingungen der modernen Massentierhaltung gezüchtet wurden, setzten und setzen die Züchter und Halter der alten Nutztierrassen mit ihren Züchtungsbemühungen auf gänzlich andere Eigenschaften. So wurde zum Beispiel das Schwäbisch-Hällische Landschwein, eine alte und in den achtziger Jahren des letzten Jahrhunderts beinahe ausgestorbene Nutztierrasse, von alters her auf besondere Robustheit, Fruchtbarkeit und Vitalität hin gezüchtet sowie auf die bestmögliche Fleischqualität mit einem ausgewogenen Fleisch-Fett-Verhältnis.
Doch all diese Qualitäten entfalten sich nur dann, wenn man die Tiere auch artgerecht hält. Weil sie ein besonders stabiles Fußwerk haben, eignen sich die Hällischen Landschweine zum Beispiel hervorragend für die Weidehaltung. In Kombination mit einer Zufütterung von Getreideschrot, angereichert mit Bohnen, Erbsen und Eicheln, gilt diese Form der Haltung als die beste für solche Hausschweine.

Unter alten Eichen fühlen sich robuste alte Schweinerassen wie die Hällischen Landschweine oder auch die Bunten Bentheimer besonders wohl und geborgen. Im Herbst schauen sie öfters nach oben in die Baumwipfel, in der Hoffnung, einige Eicheln zusätzlich zu ergattern, wenn Wind aufkommt. Ansonsten lieben sie einfache Holzhütten und Stallungen, die mit dem Stroh des Sommers eingestreut sind. Hierhin ziehen sie sich zur Nacht zurück oder

wenn es regnet. Morgens und während der Dämmerung durchstreifen sie gerne die weitläufige Weide, um jede Ecke genauestens zu erkunden – möglicherweise gibt es ja irgendwo ein Loch im Zaun, durch welches sie ausbüchsen könnten.
Und tatsächlich geschieht dies hin und wieder, vor allem wenn es längere Zeit geregnet hat und sich die Pfähle samt Maschenzaun mit dem starken Rüssel aus der Erde heben lassen. Damit folgen die Tiere ihrer natürlichen Neugier. Und dennoch bleiben sie in der Nähe und suchen gegen Abend wieder Einlass in ihr gewohntes Umfeld.

So vergeht der glückliche Schweinealltag, bis der Tag kommt, an dem die Tiere ihren letzten Gang antreten müssen. Doch die Ehrfurcht vor dem Leben, wie sie uns Albert Schweizer gelehrt hat, der Respekt vor der Natur und unseren Mitgeschöpfen sollte es uns gebieten, dass wir das Töten und Schlachten der Tiere so vollziehen, dass die Tiere nicht leiden müssen, dass die Transportwege zur Schlachterei kurz sind und dass sie von Metzgern korrekt betäubt und getötet werden.
Wir als Endverbraucher entscheiden mit dem, was wir essen, darüber, wie unsere Tiere gehalten werden. Essen wird so zu einer politischen Haltung. Mit dem Verzehr von billigem Discounterfleisch unterstützen wir Massentierhaltung und Tierleid. Mit dem Genuss von artgerecht gehaltenen Nutztieren unterstützen wir das Tierwohl und die bäuerliche Landwirtschaft.

Rudolf Bühler auf einer seiner Schweineweiden auf dem Sonnenhof in Wolpertshausen mit einer Herde Schwäbisch-Hällischer Landschweine, welche in der Herbstsonne genussvoll das Fallobst aufessen.

WISSENSWERT

Warmwursten, was ist das?

Bei der traditionellen Form des Wurstmachens werden nur reine Zutaten verwendet wie Fleisch, Speck, Salz und Naturgewürze. Und keine Zusatzstoffe wie Nitrit, Nitrat, Phosphate, Emulgatoren, Geschmacksverstärker oder Konservierungsstoffe, wie sie in der heutigen industriellen Wurstproduktion üblich sind.
Der Verzicht auf Zusatzstoffe funktioniert jedoch nur, wenn beim Schlachten das Fleisch noch im warmen Zustand verwurstet wird. Dann entwickelt es seine natürliche Fähigkeit zum „abbinden" und man kann auf die chemischen Zusatzstoffe verzichten. So machen es die Hausmetzger von alters her. Dieses Erfahrungswissen wird von einer Generation an die nächste mündlich weitergegeben.

Von der Tradition der Hohenloher Hausmetzger

Auch heute noch gibt es in Hohenlohe die guten alten Hausmetzger, die im Herbst von Hof zu Hof gehen und dem Bauer sein Vieh schlachten für den Wintervorrat. In der Regel ist ein Hausmetzger selbst Landwirt und übt sein Metzger-Handwerk im Zuverdienst aus. Sein Wissen hat er von seinen Vorfahren erworben, Erfahrungswissen im besten Sinne des Wortes – ein Schatz, gelebte ländliche Kultur. Manche Hausmetzger gingen auch einige Zeit in die Lehre, doch es bedarf keines Titels, um Hausmetzger zu sein. Dafür darf er auch nur das Vieh des Bauern für dessen eigenen Verzehr und Vorrat schlachten und verwursten. Und dafür bekommt er einen Taglohn. Er bringt Schussapparat, Messer, Brühpech und Wurstfüllrohr mit. Der Bauer stellt den Brühtrog, den Schragen und allerlei Schüsseln und Wannen für das Fleisch und die Innereien. Und natürlich einen holzbefeuerten Kessel, in dem dann die Würste gekocht werden.
Zuvor muss aber das schlachtreife Schwein oder Rind seinen letzten Gang antreten vom Stall in die Schlachtküche. Auf jedem ordentlichen Bauernhof gab es früher und oft heute noch eine Waschküche, in der auch die hofeigenen Schlachtungen stattfanden. Als Bub musste man mit einem Hanfstrick eine Fußfessel anbringen, damit es nicht ausbüxte. Anschließend wurde es an einen großen Haken in der Schlachtküche angebunden und der Hausmetzger begann mit seiner Arbeit.
Bei einem guten Hausmetzger, der sein Handwerk versteht, müssen die Tiere nicht leiden. Geschickt setzt er den Bolzenschussapparat am Kopf des Schlachttieres an und im Bruchteil einer Sekunde hat es sein Leben verloren. Dies sind wir der Kreatur auch schuldig, dass wir unseren Haustieren mit dem gebotenen Respekt begegnen. Nun beginnt das eigentliche Handwerk. Die Sau wird gebrüht, das Rind aus der Decke geschlagen. Der Schlachtkörper wird zerlegt und die Fleischteile sortiert in edle Teile und Wurstfleisch. Während die edlen Fleischteile auskühlen, wird das Wurstfleisch noch schlachtwarm zu wohlschmeckenden Hausmacherwürsten verarbeitet. Ein Teil wird in zuvor gereinigte Därme gefüllt, der größere Teil in Wurstdosen. Die fertigen Würste kommen sodann in die dampfenden Kessel und werden gekocht, bis sie haltbar sind.

Dieter Mayer, Hohenloher Hausmetzger, beim Wursten nach traditioneller Art im Erzeugerschlachthof Schwäbisch Hall.

Der Erzeugerschlachthof Schwäbisch Hall

Auf diese Tradition und das Erfahrungswissen der Hohenloher Hausmetzger baut auch die Bäuerliche Erzeugergemeinschaft Schwäbisch Hall. Die Bauern bringen ihre schlachtreifen Tiere selbst zum eigenen Erzeugerschlachthof nach Schwäbisch Hall. Dort werden sie einzeln und tierschutzgerecht vom Fachpersonal betäubt, gestochen und geschlachtet. Für ihre vorbildlichen Einrichtungen erhielt die Bäuerliche Erzeugergemeinschaft 2006 den Deutschen Tierschutzpreis.

Weil im Erzeugerschlachthof das Schlachten, Zerlegen und Wursten unter einem Dach stattfinden, kann auch die überlieferte Technik des Warmwurstens praktiziert werden. Metzgermeister Dieter Mayer, unter dessen Aufsicht die Echt Hällischen Würste hergestellt werden, war selbst in seiner Jugend als Hausmetzger unterwegs und bekam diesen Schatz an Erfahrungswissen von seinen Vorfahren mit in die Wiege gelegt. Die Hohenloher Bauern haben dieses überlieferte Wissen und die Technik inzwischen zu einem „Reinheitsgebot für die Wurst“ zusammengefasst. Nur reine Zutaten wie Fleisch, Speck, Salz und Naturgewürze kommen in die Echt Hällischen Würste.

Tranchierbesteck

Handwerkszeug für die Fleischküche

Mit einer Basisausstattung sowie ein paar Extras geht das Zubereiten von Fleisch und Geflügel besser und leichter von der Hand.

Vorbereitung

Messer
Ein Set aus drei scharfen Messern genügt: Kochmesser mit langer, breiter Klinge zum Schneiden und Hacken. Filiermesser mit schmaler und langer Klinge zum Entfernen von Sehnen und Haut. Universalmesser mit kurzer und gerader Klinge für Feinarbeiten und zum Zerkleinern.

Küchengarn
Unerlässlich beispielsweise zum Umbinden von Geflügel sowie zum Verschließen von gefülltem Fleisch.

Plattiereisen
Praktisch für leidenschaftliche Schnitzelesser. Damit kann man das Fleisch auf sanfte Weise gleichmäßig dünn klopfen.

Zubereitung

Pfannen
Zwei mit plangeschliffenem Boden müssen sein. Eine schwere und hoch erhitzbare Pfanne aus Edelstahl oder Gusseisen ohne Beschichtung zum scharfen Anbraten. Und eine Pfanne mit Anti-Haftbeschichtung zum sanften Braten, beispielsweise für Paniertes.

Multibräter mit Deckel
Aus Gusseisen oder robuster Edelstahl-Emaille. Zum Anbraten, Braten und Schmoren von großen Braten. Sowohl auf dem Herd als auch im Backofen einsetzbar.

Küchen- oder Grillzange
Damit lässt sich Fleisch gut greifen, in die Pfanne oder auf den Grill legen, wenden und beiseiteschieben.

Scharfes Messer, Küchengarn, Fleischthermometer

Feinarbeit

Fleisch-Thermometer
Misst die Kerntemperatur, also den Gargrad, von großen Braten oder empfindlichen Fleischstücken. Die Temperatur wird je nach Modell digital oder analog angezeigt.

Bratensaftspritze
Zum Übergießen eines Bratens mit dem eigenen Saft oder zum Einspritzen von Bratensaft, Marinade, Gewürzsud etc.

Grillpinsel
Mit hitzebeständigen Silikonborsten lassen sich Bratensaft und Marinade gut auf heißem Fleisch verteilen.

Servieren

Schneidebrett
Groß soll es sein und eine Saftrille haben, die beim Aufschneiden von gegartem Fleisch den köstlichen Saft auffängt. Aus Holz und Kunststoff.

Tranchierbesteck
Ein Muss, um große Braten und Geflügel zu portionieren. Das Messer sollte dabei eine extralange, dünne und scharfe Klinge haben.

Bratenzange
Praktisch, wenn die Hände sauber bleiben und die Fleischscheiben gleich groß sein sollen: Den Braten mit der Zange greifen, dann das Messer durch die Zwischenräume ziehen.

Die wichtigsten Garmethoden

Pfanne, Bräter, Topf oder Ofen?

Ob Fleisch und Geflügel zart, saftig und aromatisch auf den Teller kommen, hängt überwiegend von der Garmethode ab.

Kurzbraten
Ein Hochgenuss auf die Schnelle. Dafür muss das Fleisch zunächst Raumtemperatur haben. Dann tupft man es trocken, brät es in einer Pfanne in heißem Öl oder Butterschmalz auf beiden Seiten kräftig an und gart bei reduzierter Hitze fertig. Erst danach würzen und noch kurz ruhen lassen. Eignet sich für Filet, Schnitzel, Steaks, Koteletts und Geflügelbrust, wobei marmoriertes Fleisch und Stücke mit einem Fettrand besonders saftig bleiben.

Braten im Ofen
Dabei entstehen intensive Röstaromen. Das Fleisch in einem Bräter in nicht zu heißem Fett rundum braun anbraten, dann ohne Deckel in den vorgeheizten Backofen schieben. Unter mehrmaligem Begießen mit wenig Flüssigkeit (Brühe, Fond, Wein, Wasser) langsam fertig garen. Braten vor dem Servieren kurz ruhen lassen. Eignet sich für Geflügel im Ganzen sowie für große Fleischstücke aus Schulter, Keule oder Rücken.

Schmoren
Ergibt wunderbar mürbes Fleisch mit Sauce. Trockengetupftes Fleisch in einem Bräter in heißem Fett anbraten, Gewürze und eventuell Gemüse zufügen, Flüssigkeit angießen und alles zugedeckt bei kleiner Hitze um den Siedepunkt fertig garen. Die Flüssigkeit darf während der langen Schmorzeit nur leicht köcheln. Eignet sich für größere Fleischstücke wie Schulter, Hüfte, Ober- und Unterschale, Nuss wie auch für Gulasch und Ragout.

Das Grillen ist nicht nur im Sommer eine überaus beliebte Garmethode. Auf Seite 111 erfahren Sie, was dabei wichtig ist und wie Fleisch vom Grill besonders zart und saftig wird.

Pochieren
Das Geheimnis sind milde Hitze und ein kräftiger Sud. Beim besonders schonenden Garziehen in aromatischer Brühe oder Wasser mit Gewürzen liegt die Temperatur knapp unter dem Siedepunkt. Das Fleisch wird in die kochende Flüssigkeit gelegt und die Hitze so weit reduziert, bis nur noch kleine Bläschen nach oben steigen. Eignet sich für durchwachsene Teile wie Brust und Haxe, aber auch für ganz feine Stücke wie Tafelspitz und Filet.

Niedrigtemperatur-Garen
Die Methode, bei der alles auf der Zunge zergeht. Große Braten wie auch Portionsstücke müssen anfangs Raumtemperatur haben. Oder man brät sie an. Fleisch und Geflügel im Backofen bei Temperaturen zwischen 70 und 100 °C garen. Das dauert bei kleinen Portionsstücken rund 45 Minuten, bei Braten bis zu 5 Stunden. Dabei bildet sich wenig Bratensatz. Eignet sich für alle hochwertigen Teilstücke.

Schweine – beliebt seit eh und je

Die Tiere empfinden wie der Mensch Freude und Schmerz, Glück und Unglück.
Charles Darwin

Schweine – wertvolle Rassen

Schweine der Spezies Sus scrofa scrofa bevölkern schon seit Urzeiten die germanischen Wälder in ihrer Wildform. Spätestens seit dem Mittelalter wurden diese durch Schweinehirten in Herden durch die Eichen- und Buchenwälder zur Mast mit Eicheln und Bucheckern getrieben.
1820 erreichten erstmals chinesische Maskenschweine das europäische Festland. China ist also die Ursprungsregion aller heutigen europäischen Hausschweinerassen. Dort gibt es auch heute noch über 120 verschiedene Schweinerassen, die einen großen genetischen Schatz darstellen.
In Mitteleuropa begann also die Zucht von Hausschweinen erst zu Beginn des 19. Jahrhunderts. Durch bäuerliche Tierzucht entwickelten sich gut 15 autochthone Landrassen mit so klingenden Namen wie Angler Sattelschwein, Buntes Bentheimer Schwein, Baldinger Tigerschwein, Rotbuntes Bayrisches Schwein, Hannoversches Weideschwein, Deutsches Cornwall Schwein, Rotbuntes Husumer Schwein oder Schwäbisch-Hällisches Landschwein.

Schwäbisch-Hällisches Landschwein

Das Schwäbisch-Hällische Landschwein ist die älteste in Deutschland gezüchtete Schweinerasse. Sie ist schwarz-weiß gefärbt, mit schwarzem Kopf und schwarzem Hinterteil. Dazu große Schlappohren und Runzeln auf der Stirn. Die Tiere sind besonders genügsam, vital, fruchtbar und eignen sich, wegen ihres stabilen Fußwerks und weil sie auch Klee, Äpfel und Eicheln fressen und hervorragend verwerten können, bestens für den Weidegang. Das Fleisch der Hällischen Landrasse, die auch „Mohrenköpfle" genannt wird, ist von besonderer Qualität mit feiner Marmorierung und feiner Fleischfaser sowie von besonderer Zartheit und nussigem Geschmack. Die Speckauflage auf dem Rücken ist fest und eignet sich für die Trocknung als Lardo.

Buntes Bentheimer Schwein

Das Bunte Bentheimer Schwein ist seit Mitte des 19. Jahrhunderts bekannt und wird seither in der Grafschaft Bentheim gezüchtet.
Es gehört zur Rassenfamilie der gefleckten (spotted) Schweine, gilt als robust, fruchtbar, widerstandsfähig und ist für die Weidehaltung gut geeignet. Das Fleisch der Bunten Bentheimer ist gut marmoriert, auf dem Rücken findet man eine dicke Speckauflage. Die hübschen Tiere haben einen relativ großen Kopf und große Schlappohre.
Wie fast alle alten Schweinerassen gingen die Bestände in der Mitte des letzten Jahrhunderts drastisch zurück, seit 1990 wird es in der Region Bentheim wieder planmäßig gezüchtet.

Iberico Schwein

Das iberische Schwein ist in Andalusien, Spanien und Alentejo, Portugal, beheimatet und zählt zu den großen schwarzen Schweinen (large black). Es ist wenig fruchtbar und hat nur etwa 6–8 Ferkel pro Wurf. Dafür ist es flink und anpassungsfähig, robust und vital, weshalb es sich besonders gut für die Freilandhaltung in der Extremadura und die dortige Eichelmast eignet. Es wird aber auch in Stallhaltung ausgemästet.
Besonders berühmt wurde die Kultur der luftgetrockneten Schinken aus Andalusien, die meist vom Iberico Schwein stammen, „Pata Negra“ genannt oder „iberischer Schwarzfuß-Schinken“. Die Schinkenvariante „Jamon Bellota“ stammt von Schweinen aus Eichelmasthaltung, die Schinkenvariante „Jamon Iberico“ von Schweinen aus Stallhaltung.

Deutsches Landschwein

Das große weiße Schwein, auch „Large White“ oder einfach „Landrace“ genannt, ist die weltweit am weitesten verbreitete Schweinerasse. In Deutschland nach dem Einkreuzen von mageren holländischen Schweinen ab den 1960er-Jahren auch „Veredeltes deutsches Landschwein“ genannt. Danach war es sehr stressanfällig, dieser Mangel wurde durch gezielte Zuchtprogramme teilweise eliminiert.
Es ist groß und weiß, von schnellem Wuchs, großrahmig und mit mittlerer Fruchtbarkeit ausgestattet. Dient häufig als genetische Grundlage für Hybridzuchten. Es ist zahlenmäßig auch in Deutschland das am weitesten verbreitete Schwein und wird in der Regel für die intensive Stallhaltung mit dem mageren Pietrain-Schwein angepaart.

Angler Sattelschwein

Das Angler Sattelschwein wird seit 1940 offiziell in der Grafschaft Angeln nahe der Dänischen Grenze gezüchtet. Es wurde einst aus England importiert und stammt von der Rassenfamilie der „Saddleback"-Schweine ab.
Das Angler Sattelschwein ist schwarz-weiß gefärbt, jedoch mit einem tiefen Schwarz und nur einem schmalen weißen Sattel versehen. Wie alle alten Landrassen ist es sehr fruchtbar und robust, eignet sich für die Weidehaltung und ist ein guter Verwerter von Grundfutter.
Das Fleisch ist gut marmoriert und eignet sich besonders für Dauerwaren wie Katenschinken und Salami. Nachdem es in den 1980er-Jahren fast ausgestorben war, wird es jetzt wieder planmäßig gezüchtet und eignet sich besonders für ökologische Schweinehaltung.

Mangalica Schweine

Das Mangalica gilt als das Balkanschwein schlechthin. Man findet es in Rumänien, Bulgarien, Serbien und vor allem in Ungarn, wo es als besondere Varietät, als „Ungarisches Wollschwein", gezüchtet wird. Daneben kennt man noch tiefrote Varianten mit kurzem Haar und eine „blonde" Varietät mit weißem Bauch.
Die Mangalica werden auch „Ungarische Steppenschweine" genannt, weil sie einen hohen Sus-srcofa-scrofa-Blutanteil haben und so dem europäischen Wildschwein sehr ähnlich sind. Der besonders dicke und feste Rückenspeck gilt in gesalzener, luftgetrockneter Form unter Feinschmeckern als Delikatesse.
In den 1980er-Jahren fast ausgestorben, werden Sie heute wieder gezüchtet, von Liebhabern teilweise auch in Österreich und Deutschland.

Schweinefleisch

Es ist besser als sein Ruf und in der Küche ein Verwandlungskünstler. Das Hausschwein bietet uns zwei Besonderheiten: mehr Teilstücke zum Kurzbraten als andere Nutztiere sowie zwei Hinterkeulen, die auch zu feinen Roh- und Kochschinken verarbeitet werden können.

Beliebtes Borstenvieh

Schweinefleisch liegt in der Verbrauchergunst auf Platz eins. Werden die Tiere artgerecht gehalten, ist ihr Fleisch saftig, feinfaserig und hat einen kräftigen Geschmack.
Verkauft wird in der Regel das Fleisch von 6 bis 10 Monate alten Tieren. Manch ein Erzeuger vor allem von alten Landschweinrassen gibt seinen Tieren aber auch gut 2 Jahre Zeit zum Wachsen. Die beste Qualität liefern dabei Schweine mit einem ausgewogenen Fleisch-Fett-Verhältnis, deren Fleisch also zart marmoriert (durchwachsen) ist.

Daran erkennt man gute Qualität
Um gutes Schweinefleisch zu erkennen, muss man kein Experte sein, aber seinen Augen und seiner Nase trauen:

- Das Fleisch ist trocken und sieht gleichmäßig rosa bis dunkelrosa aus.
- Fett und Speck sind appetitlich weiß.
- Das Muskelfleisch ist fest und gibt auf Fingerdruck leicht nach.
- Der Geruch ist angenehm frisch.

Kurz aufbewahren
Wenn Schweinefleisch nach dem Einkauf nicht sofort zubereitet werden kann, dann auspacken und in einer Schüssel auf eine umgedrehte Untertasse legen, damit es nicht im eigenen Saft liegt. Fleisch mit Folie abdecken und auf der Glasplatte über dem Gemüsefach, dem kältesten Ort im Kühlschrank, aufbewahren. Zur längeren Aufbewahrung das Fleisch roh einfrieren. Magere Stücke für maximal 6 bis 8 Monate, fettreichere für maximal 1 bis 2 Monate.

Baldmöglichst zubereiten
Schweinefleisch baldmöglichst zubereiten, das heißt innerhalb von höchstens 3 Tagen. Zerkleinertes Schweinefleisch wie Hackfleisch, Gulasch oder Geschnetzeltes allerdings innerhalb von 1 Tag zubereiten.

WISSENSWERT

Durchgaren

Schweinefleisch nie roh oder rosa, sondern immer durchgegart essen. Weil sonst – trotz immer besserer Hygiene – Parasiten nicht zuverlässig schadlos gemacht werden können. Das Fleisch soll für 2 Minuten auf mindestens 70 °C Kerntemperatur erhitzt werden – das lässt sich gut mit einem Fleischthermometer überprüfen.

METT

Die kulinarisch wichtigsten Fleischstücke vom Schwein …

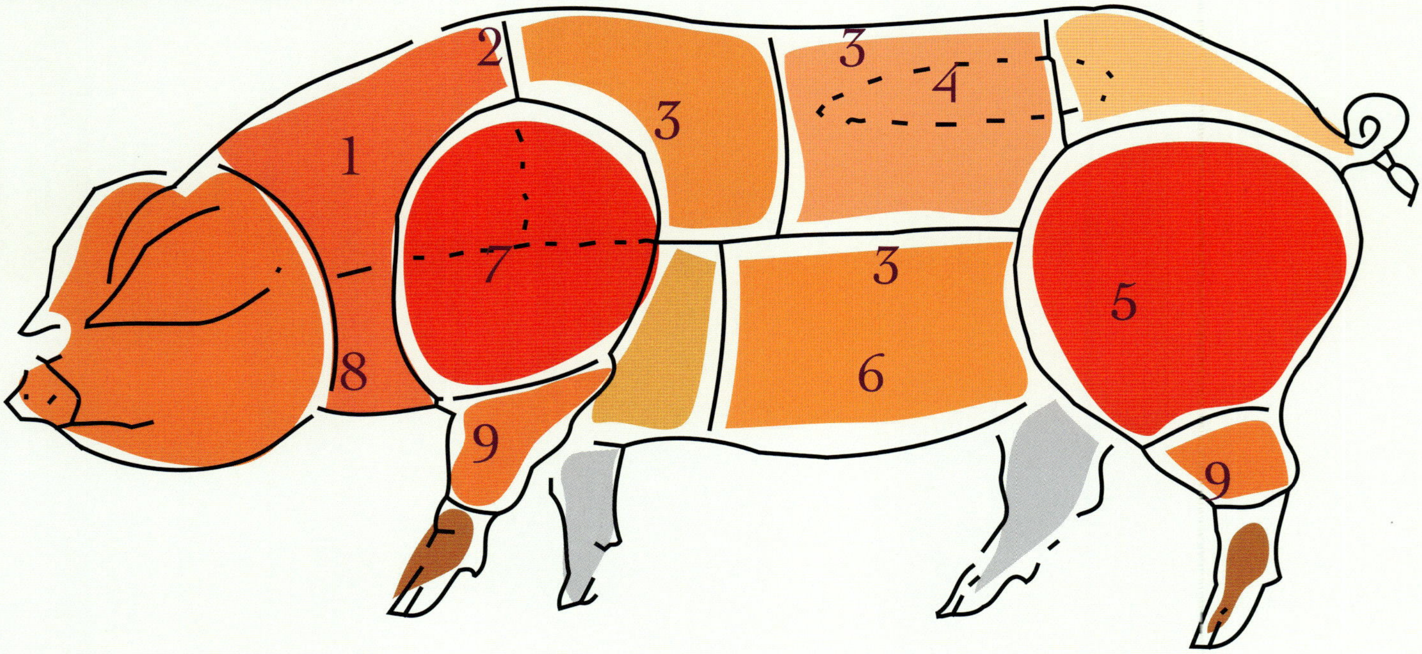

1 Hals/Nacken

2 Rückenspeck

3 Kotelett/Karree

4 Filet/Lende

5 Keule/Schlegel

6 Bauch und Rippen

7 Schulter/Bug

8 Dicke Rippe/Brustspitze

9 Vorderhaxen/Eisbein und Hinterhaxen

… und ihre Verwendung

1 Schweinehals, auch Nacken oder Kamm genannt, wird unter anderem, in Scheiben geschnitten, als Nackenkotelett angeboten. Da das Fleisch durchwachsen ist, eignet es sich gut zum Kurzbraten oder Grillen. Von Knochen befreit (ausgelöst), ist der Nacken auch für einen kräftigen Braten gut. Ebenso für Rollbraten, Gulasch oder andere Schmorgerichte. Gepökelt und leicht geräuchert wird das Fleisch auch als Kasseler Nacken angeboten.

2 Rückenspeck oder fetter Speck wird meist in breiten Scheiben als Schutz um mageres Fleisch gewickelt, um es beim Garen vor dem Austrocknen zu schützen.

3 Aus dem Kotelett-Strang (auch Karree genannt) werden die beliebten Stiel- und Filetkoteletts (Lummerkoteletts) zum Kurzbraten und Grillen geschnitten. Im Stück ist der Strang gut zum Braten und Schmoren geeignet. Ausgelöst und in Scheiben geschnitten, erhält man daraus Schnitzel und Steaks, die aber leicht trocken werden.

4 Das zarte und fettarme Filet (auch als Lende bezeichnet) lässt sich vielfältig zubereiten: im Ganzen gebraten oder pochiert, zu Medaillons geschnitten, gewürfelt wie geschnetzelt zum Kurzbraten.

5 Die Keule (auch Schlegel oder Schinken) besteht aus vier Teilen: Oberschale (Kluft), Unterschale (Schinkenstück), Nuss (Maus) und Hüftstück (Schinkenspeckstück). Aus der Oberschale werden meist klassische Schnitzel geschnitten. Die Unterschale liefert beste Bratenstücke. Ober- wie Unterschale werden auch zu feinen gekochten oder rohen Schinken verarbeitet. Die Nuss, auch Maus genannt, ist für einen zarten Braten ebenso gut geeignet wie für saftige Schnitzel. Das Hüftstück nennt man auch Schinkenspeck und wird mit Schwarte zum beliebten Krustenbraten.

6 Schweinebauch (Wammerl) ist eines der preiswertesten Teilstücke. Man kann das eher fettreiche Fleisch mit oder ohne Rippchen und mit oder ohne Schwarte kaufen. Der Bauch wird frisch oder auch geräuchert angeboten und eignet sich zum Kochen, Braten, Grillen und Schmoren. Die Enden der Rippen werden gerne als Spareribs zubereitet, mariniert und gegrillt.

7 Die Schulter, auch als Bug, Blatt, Schaufel oder Vorderschinken bekannt, wird wie gewachsen angeboten, also mit Knochen, Fettschicht und Schwarte. Man bekommt sie aber auch ausgelöst, ohne Schwarte und mit dünner Fettschicht. Beide Varianten eignen sich für saftige Braten, gefüllte Rollbraten, Gulasch und andere Schmorgerichte, also für Gerichte, die eine längere Garzeit brauchen.

8 Zwischen Bauch und Schulter liegt die Dicke Rippe, auch Brustspitze genannt. Das durchwachsene und grobfaserige Fleisch eignet sich zum Kochen, Schmoren, Braten und Grillen.

9 Die hinteren Haxen heißen auch Schinkenbeine. Sie sind größer und fleischiger als die Vorderhaxen. Frisch oder gepökelt eignen sich die hinteren Haxen sehr gut zum Braten, Grillen und Kochen. Die vorderen Haxen sind auch unter dem Namen Eisbein bekannt. Sie werden frisch oder gepökelt angeboten. Aus ihnen wird das bekannte Gericht „Eisbein mit Sauerkraut“ zubereitet.

Von Schwarte und Braten

Köstliche Festtagsbraten, raffinierte Alltagsküche und regionale Klassiker vom Schwein

Nacken-Steak mit Sahnelinsen

Hauptgericht
Für 4 Portionen

150 g kleine braune Linsen (z. B. Champagnerlinsen)
1 Möhre
1 Stange Staudensellerie
1 kleine Zwiebel
2 EL Butter
300–400 ml Gemüsebrühe
4 Schweinenacken-Steaks à 180 g
Salz, Pfeffer aus der Mühle
1 EL Öl (z. B. Rapsöl)
1 Handvoll Spinatblätter
125 g Sahne
1 TL Tomatenmark
2 TL Limettensaft oder Weißweinessig

■ Die Linsen verlesen, in einem Sieb abbrausen und abtropfen lassen. Möhre, Sellerie und die Zwiebel putzen und klein würfeln. In einem breiten Topf 1 EL Butter erhitzen. Gewürfeltes Gemüse darin bei mittlerer Hitze andünsten. Linsen einrühren, 1 Minute mitdünsten. Mit 300 ml Brühe ablöschen. Zugedeckt bei kleiner Hitze 20–25 Minuten garen, bis die Linsen weich sind, aber nicht zu weich. Währenddessen ab und zu nachsehen, ob genügend Flüssigkeit im Topf ist. Falls nicht, etwas Brühe nachgießen.

■ Die Nacken-Steaks trocken tupfen, salzen und pfeffern. Öl und restliche Butter in einer großen Pfanne erhitzen, das Fleisch darin bei mittlerer Hitze von jeder Seite in 4–5 Minuten goldbraun braten.

■ Inzwischen die Spinatblätter waschen, trocken tupfen und in Streifen schneiden. Mit Sahne und Tomatenmark unter die Linsen rühren. Einmal aufkochen lassen. Mit Salz, Pfeffer und Limettensaft oder Essig abschmecken. Sahnelinsen mit den Steaks anrichten. Dazu schmecken Kartoffeln.

Gegrilltes Nacken-Kotelett

Hauptgericht
Für 4 Portionen

1 Bio-Zitrone
je 2 Zweige Rosmarin, Thymian und Oregano
1 EL Öl (z. B. Rapsöl)
1 Knoblauchzehe
Cayennepfeffer
4 Schweinenacken-Koteletts à 220–250 g

■ Für die Marinade die Zitrone heiß waschen, abtrocknen und 1 TL Schale fein abreiben. Zitrone halbieren und 2 EL Saft auspressen. Die Kräuter verlesen, waschen, trocken schütteln und ohne grobe Stiele fein hacken. Kräuter mit Zitronenschale, Zitronensaft und Öl verrühren. Den Knoblauch schälen und dazu pressen. Die Marinade mit einer Prise Cayennepfeffer würzen.

■ Die Fettränder der Koteletts jeweils im Abstand von etwa 2 cm leicht einschneiden, dabei aber nicht ins Fleisch schneiden. Koteletts in eine Schale legen, mit der Marinade vermengen und zugedeckt im Kühlschrank 3–4 Stunden oder über Nacht ziehen lassen.

■ Koteletts etwa 1 Stunde vor der Zubereitung aus dem Kühlschrank nehmen. Den Grill anheizen. Die Marinade von den Koteletts streifen und das Fleisch mit 10–15 cm Abstand zur Hitzequelle auf den Grill legen. Das Fleisch 15–20 Minuten grillen, dabei ein- bis zweimal wenden. Koteletts salzen und servieren. Dazu schmecken geputzte und in Scheiben geschnittene Pilze, die auf dem Grill kurz gegart werden. Außerdem knuspriges Brot und gemischter Salat.

Glasierter Kasseler-Braten

Hauptgericht
Für 4 Portionen

800 g Kasseler roh, ohne Knochen (mild gepökelt und sanft geräuchert)
2 EL Öl (z. B. Rapsöl)
2 Zwiebeln
2 EL flüssiger Honig
2 EL Orangenmarmelade
1 Msp. Cayennepfeffer
2 Msp. gemahlener Piment
1 Stück frischer Ingwer (ca. 2 cm)
200 g Tomatenstücke (aus Dose oder Packung)
1 EL Zucker
3–4 EL Aceto balsamico (Balsamessig)
Salz, Pfeffer aus der Mühle

■ Für den Braten das Kasseler trocken tupfen. Öl in einem Bräter verteilen, Fleisch in den Bräter setzen. Den Backofen auf 180 °C vorheizen.

■ Zwiebeln abziehen und würfeln, um das Fleisch herum verteilen. Für die Glasur Honig mit Marmelade, Cayennepfeffer und Piment verrühren. Kasseler mit etwa der Hälfte der Glasur bepinseln. Im Ofen zunächst 30 Minuten braten. Dann 200 ml heißes Wasser zugießen und das Fleisch mit der restlichen Glasur bepinseln. Die Temperatur auf 160 °C zurückschalten und den Braten in weiteren 30 Minuten fertig braten. Aus dem Bratensatz heben und warm stellen.

■ Für das Tomaten-Chutney den Bratensatz samt Zwiebeln in einen kleinen Topf umfüllen. Ingwer schälen, 1 TL fein reiben und mit den Tomaten in den Topf geben. Zucker und 3 EL Balsamessig unterrühren. Alles aufkochen und bei kleiner Hitze dicklich einköcheln lassen. Nach Belieben pürieren. Chutney mit Salz, Pfeffer und eventuell mit dem übrigen Essig abschmecken.

■ Das Fleisch in Scheiben schneiden und mit dem Chutney servieren. Dazu schmecken Baguette und Grüne-Bohnen-Salat.

Info
Die Bezeichnung Kasseler hat nichts mit der Stadt Kassel zu tun, sondern soll auf den findigen Berliner Metzger Cassel zurückgehen, der den geräucherten und gepökelten Schweinerücken kreiert hat.

Tipp
Der Braten schmeckt auch kalt sehr gut. Zum Beispiel zusammen mit dem Chutney als Mittelpunkt eines rustikalen Buffets. Oder Sie nehmen das kalte Kasseler mit zum Picknick. Dafür das Fleisch in Scheiben schneiden und in Vorratsdose oder Alufolie verpacken und bis zum Transport kalt stellen. Chutney in ein Schraubverschlussglas füllen.

Schweinekotelett auf Schmormöhren

HAUPTGERICHT
FÜR 2 PORTIONEN

700 g Möhren (nach Belieben orange und gelbe gemischt)
2 kleine Zwiebeln
2 Zweige Thymian
2 Bio-Orangen
100 ml Fleischbrühe
1 TL flüssiger Honig oder 1 EL Ahornsirup
Salz, Pfeffer aus der Mühle
frisch geriebene Muskatnuss
2 Schweinekoteletts à ca. 250 g
2 EL Raps- oder Olivenöl und Öl für die Form
30 g Kräuterbutter (Fertigprodukt)

■ Backofen auf 200 °C vorheizen. Die Möhren waschen, schälen, zuerst quer halbieren, dann die Stücke längs vierteln. Zwiebeln schälen, vierteln und aufblättern. Thymian waschen und trocken schütteln. 1 Orange heiß waschen, halbieren und in Scheiben schneiden, die zweite Frucht auspressen.

■ Eine große ofenfeste Form einfetten. Möhren, Zwiebeln, Orangestücke und Thymian in die Form geben. Brühe mit Orangensaft, Honig oder Sirup, Salz, Pfeffer und einem Hauch Muskat verrühren, über die Zutaten in die Form gießen. Im Ofen (Mitte) zunächst 35 Minuten schmoren.

■ Inzwischen die Koteletts trocken tupfen, mit Salz und Pfeffer würzen. Öl in einer Pfanne erhitzen und die Koteletts darin bei mittlerer Hitze pro Seite etwa 2 Minuten anbraten. Auf das Möhrengemüse setzen, mit je 1 Scheibe Kräuterbutter belegen und alles zusammen noch 10–12 Minuten backen. In der Form servieren. Dazu schmecken Kartoffeln.

Hohenloher Mostsuppe mit Leberklößchen

VORSPEISE/SUPPE
FÜR 4 PORTIONEN

150 g Schweineleber
je 1 Prise Salz, Pfeffer und Majoran
1 Ei
80 g Mehl
1/2 Apfel
1 EL Butter
1 Prise Zucker
1 EL Kartoffelmehl
1 l Most (z. B. Apfelmost/Apfelwein)

Dieses Rezept stammt von Johannes Ganz vom Gasthof „Goldener Adler" in Schwäbisch Hall.

■ Die Schweineleber pürieren. Mit Salz, Pfeffer und Majoran würzen. Ei und Mehl unter die Leber mischen. Leicht gesalzenes Wasser zum Kochen bringen. Von der Lebermasse mit zwei Teelöffeln Nocken formen und im Wasser in etwa 10 Minuten gar ziehen lassen. Herausheben und warm stellen.

■ Den Apfel waschen, entkernen und in dünne Spalten schneiden. Butter und Zucker in einer Pfanne erhitzen, die Spalten darin kurz wenden.

■ Kartoffelmehl mit etwas Most glattrühren. Restlichen Most aufkochen und mit dem angerührten Kartoffelmehl binden. Suppe und Klößchen in vorgewärmten Tellern anrichten, mit den Apfelscheiben garniert servieren.

Tierglück in Oberbayern

Der Archehof Schlickenrieder in Otterfing

Eigentlich hatte „Gedschi", wie Georg Schlickenrieder von allen genannt wird, als junger Mann keine rechte Vorstellung, was er mal beruflich machen sollte. Doch da war ja noch der elterliche Hof in Otterfing südlich von München. Also folgte der ältere Sohn irgendwann einfach der Tradition, als er nach Schule und Ausbildung zum Landwirt den Hof übernahm.

Dass er jedoch andere Wege gehen würde als die übrigen Bauern des Dorfes, war schnell klar. So baute er Mitte der Achtziger vor den Toren des Dorfes einen Weidestall, wo er eine Rinderherde im damals noch exotischen „Offenfront-Laufstall" hielt. Dass seine Tiere raus und rein konnten (und bis heute können), einfach so, wann immer sie wollten, stieß bei den konventionell arbeitenden Bauern der Umgebung auf völliges Unverständnis.

1995 siedelte er mit dem elterlichen Betrieb komplett vor die Tore des Dorfes. Und so wuchs der Aussiedlerhof auf dem Gelände des Weidestalls mit mehreren Gebäuden, Gastronomie, Partyhaus und Hofführungen zu jenem belebten Ort, der er heute ist.

Der seit 1997 bio-zertifizierte Hof (Naturland) zählt seit 1998 mit seinem Bestand an Murnau-Werdenfelser Rindern, Braunen und Schwarzen Bergschafen, Bunten Bentheimer Schweinen, Appenzeller Barthühnern u.v.a.m. sogar zu einem der knapp 100 Archehöfe, die sich dem Erhalt bedrohter Haustierrassen widmen.

Fleisch und Wurstwaren werden größtenteils über die eigene Gastronomie oder direkt ab Hof vermarktet (an ca. 10 Markttagen im Jahr). Mit einer Ausnahme: Rund 20 Lämmer zu Ostern und 15 bis 20 Ochsen jährlich gehen nach München. In das Wirtshaus Pschorr am Viktualienmarkt. Und das hat gute Gründe – aber das ist wieder eine andere Geschichte (s. S. 114).

Schweinsbraten mit Semmelknödel

von Anja und Georg Schlickenrieder

HAUPTGERICHT
FÜR 4–6 PORTIONEN

Für Braten und Sauce
1,5–2 kg Bio-Schweinebraten mit Schwarte (aus Schulter oder Schlegel) vom Bunten Bentheimer Landschwein
2 EL Öl (z. B. Rapsöl)
500–800 g Schweineknochen
1 EL flüssiger Honig
2 EL Speisestärke
Salz, Pfeffer aus der Mühle
gerebelter Majoran, gemahlener Kümmel

Für den Krautsalat
1 kg Weißkohl
3–4 EL Essig
Salz, Pfeffer aus der Mühle
1 Msp. Rohrzucker
2 EL Sonnenblumenöl
1 EL fein gehackte Petersilie
1–2 TL Kümmelsamen

Für die Semmelknödel
500 ml Milch
Salz
500 g Knödelbrot
1 EL Butter
1 EL fein gehackte Petersilie
3–4 Eier (je nach Größe)
Grieß zum Wälzen

■ Für den Braten den Backofen auf 120 °C vorheizen. Die Schwarte des Bratens mit einem scharfen Messer (auch Teppichmesser) rautenförmig einschneiden. Das Fleisch ungewürzt mit der Schwarte nach oben in einen Bräter setzen. Im Backofen etwa 3 Stunden garen. Währenddessen den Braten weder wenden noch begießen.

■ Inzwischen für die Sauce in einem breiten Topf das Öl erhitzen. Die Knochen darin kurz anbraten. Mit 1 l Wasser aufgießen, aufkochen und zugedeckt mindestens 3 Stunden köcheln lassen. Den Sud durch ein Sieb in einen zweiten Topf gießen. Den Honig einrühren. Speisestärke mit etwas kaltem Wasser glatt rühren, die Sauce damit binden. Sauce mit Salz, Pfeffer, Majoran und Kümmel würzen.

■ Für den Krautsalat die äußeren Blätter des Weißkohls entfernen. Kohl waschen, vierteln und in dünne Streifen hobeln. In einer Schüssel mit kochendem Wasser übergießen, in ein Sieb abgießen und abtropfen lassen. 3 EL Essig mit Salz, Pfeffer, Zucker und Öl zu einer Marinade verrühren. Petersilie und Kümmel zufügen. Marinade und Weißkohl vermischen, den Salat kurz ziehen lassen und mit übrigem Essig abschmecken.

■ Für die Semmelknödel die Milch mit 1/2 TL Salz heiß werden lassen. Knödelbrot mit der Milch übergießen. Butter erhitzen, die Petersilie drin kurz andünsten, auf die Knödelmasse geben. Die Eier hinzufügen und alles vermischen. 30 Minuten durchziehen lassen. Falls die Masse zu weich ist, etwas Grieß untermischen. In einem Topf reichlich Salzwasser zum Kochen bringen. Aus dem Teig mit angefeuchteten Händen Knödel formen und in Grieß wälzen. Ins kochende Wasser legen und ohne Deckel in etwa 20 Minuten garziehen lassen.
Den Grill des Backofens (ca. 200 °C) einschalten und die Kruste des Bratens in etwa 3–5 Minuten goldbraun und knusprig werden lassen. Schweinsbraten mit Sauce, Semmelknödel und Krautsalat servieren.

Info
Das Lieblingsrezept der Schlickenrieders. Und sie schwören: gelingt aller Erfahrung nach nur mit Bio-Fleisch.

Stiel-Kotelett mit Senfsauce

HAUPTGERICHT
FÜR 4 PORTIONEN

4 Stiel-Koteletts vom Schwein
à 220–250 g
Pfeffer aus der Mühle
1/2 TL Thymianblättchen
Salz
3 EL Mehl
1 EL Öl
1 EL Butter
1 Schalotte
1 EL Weißweinessig
100 ml Weißwein
1 Lorbeerblatt
125 g Crème fraîche
2 EL Düsseldorfer Senf medium
(alternativ anderer mittelscharfer
Senf)

■ Die Fettränder der Koteletts jeweils im Abstand von etwa 2 cm leicht einschneiden, dabei aber nicht ins Fleisch schneiden. Das Einschneiden der Fettränder verhindert, dass sich das Fett zu stark zusammenzieht und sich das Fleisch dadurch aufbiegt.

■ Etwas Pfeffer und Thymian vermischen, damit das Fleisch rundum einreiben. Zugedeckt 1 Stunde ziehen lassen.

■ Koteletts salzen und beidseitig ins Mehl drücken, das überschüssige Mehl abschütteln. Öl und Butter in einer großen Pfanne heiß werden lassen. Das Fleisch darin in 12–15 Minuten beidseitig goldbraun braten. Aus der Pfanne heben und warm stellen.

■ Die Schalotte abziehen und klein würfeln, ins Bratfett geben und glasig dünsten. Essig angießen und verdampfen lassen. Wein und Lorbeerblatt zugeben und köcheln lassen, bis der Wein fast eingekocht ist.

■ Crème fraîche in die Pfanne rühren und leicht kochen lassen, bis die Sauce sämig ist. Von der Herdplatte nehmen und das Lorbeerblatt entfernen. Den Senf einrühren. Die Sauce heiß werden, aber nicht kochen lassen. Mit Salz und Pfeffer abschmecken.

■ Die Koteletts mit der Senfsauce anrichten. Nach Belieben mit gehackter Petersilie bestreuen. Dazu schmeckt Kartoffelpüree.

Info
Dieses Rezept kommt aus dem Rheinland. Dort wird die Sauce klassisch mit Düsseldorfer Senf zubereitet, denn Düsseldorf gehört zu den Senfhochburgen in Deutschland. Einige Hersteller bieten ihre Senf-Spezialitäten im ganzen Bundesgebiet an.

Wo die Bunten Bentheimer wohnen

Der Naturlandhof Büning in Laer

Mitten in der malerischen, von Weiden, kleinteiligen Äckern, Wallhecken, Wiesen und Wäldern geprägten münsterländischen Parklandschaft liegt der Naturlandhof Büning. Seele des Betriebes ist Maria Büning. Gemeinsam mit ihrem Mann übernahm sie 1990 den als „landschaftsprägende Hofstelle" geführten Gutshof aus dem Jahre 1896.

Das war mutig. Denn in die Wiege gelegt war den Bünings die Landwirtschaft nicht. Maria Büning arbeitete ursprünglich als Zahnarzthelferin im nahegelegenen Nordwalde, ihr Mann ist Handwerker. Zum Eigenbedarf hatte Maria Büning bereits in Nordwalde ein paar Schweine gehalten. Doch das schmackhafte Fleisch der artgerecht gehaltenen Tiere weckte Begehrlichkeiten bei Freunden und Bekannten. So gingen die Bünings 1990 das Wagnis ein, die Tierhaltung zu professionalisieren.

Von Anfang an fühlte sich Maria Büning der Bio-Produktion verpflichtet, konnte zunächst in einem benachbarten Bio-Betrieb jede Menge Erfahrungen sammeln. Heute fühlen sich auf den 5 ha Weideland rund 550 Bunte Bentheimer wohl. Maria Büning schätzt diese alte Rasse, weil sie robust ist, ihr Fleisch hervorragend schmeckt und weil sie ursprünglich hier aus der Region stammt. Auch das seltene Rote Höhenvieh und jede Menge Gefieder gehören zum Bestand.

Sechs bis sieben Schweine werden pro Woche bei einem kleinen bio-zertifizierten Metzger unweit des Hofes geschlachtet. Viermal in der Woche zieht Frau Büning mit ihrem Verkaufswagen auf die Wochenmärkte der Region. Und zweimal in der Woche ist ihr Verkaufswagen auch direkt am Hof geöffnet. Es gibt schlechtere Gründe, das Münsterland zu besuchen.

Münsterländer Schinkenbraten in Pumpernickelkruste

von Maria Büning

Hauptgericht
Für 4 Portionen

800–1000 g Schinkenbraten vom Bentheimer Weideschwein (mit Schwarte, aus der Keule)
300 g westfälisches Pumpernickel
200 g Weißbrot (vom Vortag)
20 g Butter
3 Eier
1 EL Zucker
Salz, Pfeffer aus der Mühle

■ Den Backofen auf 160 °C vorheizen. Vom Schinkenbraten ein klein wenig Fett abschneiden und fein hacken, die Menge soll etwa 1 EL ergeben. Das Fleisch mit der Schwarte nach oben in einen Bräter legen und mit 250 ml kochendem Wasser übergießen. Im Ofen zunächst 2 Stunden braten. Falls nötig, noch Wasser nachgießen.

■ Inzwischen Pumpernickel und Weißbrot zerkrümeln. Die Butter in einer Pfanne aufschäumen und das Schinkenfett hinzufügen. Zuerst die Brotkrumen, dann den Zucker untermischen. Die Brotmasse in eine Schüssel umfüllen und lauwarm abkühlen lassen. Dann die Eier gründlich untermischen, mit Salz und Pfeffer würzen.

■ Schinken aus dem Backofen holen. Die Schwarte abschneiden. Das Fleisch mit der Brotmasse dick bestreichen. Die Backofentemperatur auf 180 °C erhöhen. Braten wieder in den Ofen schieben und in etwa 30 Minuten fertig garen. Ofen ausschalten und den Braten noch 5–10 Minuten ruhen lassen. Herausnehmen. Den Bratensatz durch ein Sieb in einen Topf gießen. Einmal aufkochen lassen und abschmecken. Schinkenbraten in Scheiben schneiden, mit der Sauce servieren. Dazu schmecken Apfelmus und Bratkartoffeln.

Überbackene Schweinesteaks

Hauptgericht
Für 4 Portionen

200 g Staudensellerie
1 Zwiebel
8 Schweinerückensteaks
à 70–80 g
Salz, Pfeffer aus der Mühle
2 EL Öl (z. B. Rapsöl)
1 EL Butter
600 g Tomatenstücke (Dose)
3 Scheiben Toastbrot
200 g Blauschimmelkäse
1 EL kleine Kapern
2 EL kleine Petersilienblätter

■ Sellerie waschen, putzen und klein würfeln. Zwiebel abziehen, ebenfalls klein würfeln. Die Steaks trocken tupfen, salzen und pfeffern.

■ 1 EL Öl und die Butter in einer Pfanne erhitzen, die Steaks darin von beiden Seiten anbraten. Aus der Pfanne heben und nebeneinander in eine große Auflaufform oder auf ein Backblech setzen. Sellerie und Zwiebel im verbliebenen Bratfett kurz anbraten. Tomatenstücke unterrühren, alles salzen, pfeffern und um das Fleisch herum verteilen.

■ Backofen auf 200 °C vorheizen. Das Brot entrinden und zerkrümeln. Den Käse zerbröckeln. Brot, Käse und Kapern vermischen und auf den Steaks verteilen. Mit dem restlichen Öl beträufeln.

■ Die Schweinesteaks im Ofen (Mitte) 15–20 Minuten überbacken. Mit Petersilie bestreut servieren. Dazu schmeckt knuspriges Stangenbrot oder dunkles Bauernbrot.

Schweinefilet mit Sauerkirschsauce

HAUPTGERICHT
FÜR 4 PORTIONEN

Für das Fleisch
2 Schweinefilets aus dem Mittelstück à 400 g (am besten gleichmäßig dick)
Salz, Pfeffer aus der Mühle
1 Zweig Thymian oder Rosmarin
1 EL Butterschmalz

Für die Sauce
400 g frische Sauerkirschen
1 Schalotte
1 Stück frische Ingwerwurzel (ca. 2 cm)
1 EL Butter
2 TL Zucker
100 ml Fleisch- oder Gemüsebrühe
100 ml Rotwein
Salz, Pfeffer aus der Mühle
1/2 TL gemahlener Koriander

■ Den Backofen auf 85 °C vorheizen. Die Schweinefilets trocken tupfen und rundum mit Salz und Pfeffer einreiben. Die Kräuter waschen und trocken schütteln. Schmalz in einer großen Pfanne erhitzen, die Fleischstücke darin etwa 6 Minuten rundherum anbraten. Für die letzten 3 Minuten die Kräuter zufügen und mitbraten.

■ Die Filetstücke nebeneinander auf den Rost legen und in den Ofen (Mitte) schieben. Kräuter auf das Blech geben und unter das Fleisch schieben. Fleisch 1 Stunde garen.

■ Etwa 30 Minuten vor Garzeitende der Filets für die Sauce die Kirschen waschen, abtropfen lassen, entstielen und entsteinen. Schalotte und den Ingwer schälen, beides klein würfeln.
Butter in einem Topf erhitzen, Zwiebel und Ingwer darin andünsten. Mit Zucker bestreuen und kurz karamellisieren lassen. Zwei Drittel der Kirschen, Fond oder Brühe und den Wein zufügen. Mit etwas Salz, Pfeffer und 1/4 TL Koriander würzen. Das Ganze ohne Deckel 10 Minuten bei schwacher Hitze einköcheln lassen, anschließend fein pürieren.

■ Die ganzen Kirschen mit dem Kirschpüree vermischen, nochmals heiß werden lassen und die Sauce mit Salz, Pfeffer und übrigem Koriander abschmecken.

■ Die Schweinefilets aus dem Ofen nehmen, schräg in Scheiben schneiden und auf Tellern anrichten Mit dem Bratfond vom Blech beträufeln. Die Kirschsauce dazu servieren. Dazu schmecken Rösti.

Das Schwäbisch-Hällische Landschwein

Bis zum Beginn des 19. Jahrhunderts kannte man in Mitteleuropa nur domestizierte Wildschweine. Die Hausschweinezucht begann 1820 mit der Einfuhr chinesischer Maskenschweine durch König Wilhelm I. von Württemberg, der damit die Schwäbisch-Hällische Schweinezucht begründete. Er verteilte die neu angekommenen schwarz-weißen Schweine auf seinen königlichen Domänen, wo sie die Bauern zum Einkreuzen in ihre Wildschweine benutzen durften. Nicht überall fruchtete das edle Ansinnen. Doch die Hohenloher Bauern rund um die ehemals freie Reichsstadt Schwäbisch Hall erkannten die Zeichen der Zeit und nutzten ihre Chance. So entstand die Schwäbisch-Hällische Schweinezucht. 1844 hieß es in der Oberamtsbeschreibung: „Nirgends gibt es diese besondere Race, welche der Hällische Bauer hat, und nirgends wird die Schweinezucht in diesem Ausmaße betrieben. Es gilt aber auch die Besonderheiten zu loben, welcher dieser Race zueigen ist, ihre Mastfähigkeit und ihre Fruchtbarkeit und das besonders schmackhafte Fleisch, welches ihr eigen ist."
Die königliche Rasse war bei den Hohenloher Bauern sehr beliebt. In den 1950er-Jahren hatte sie in Nordwürttemberg einen Marktanteil von über 90 Prozent. Mit dem Aufkommen industrieller Agrarwirtschaft ging die Zucht des Schwäbisch-Hällischen Landschweins jedoch rapide zurück. Anfang der achtziger Jahre galt das Hällische Schwein als ausgestorben. Wissenschaft und Beratung proklamierten stattdessen das „industriegerechte deutsche Einheitsschwein" aus Hybridzucht.

… und die Bäuerliche Erzeugergemeinschaft Schwäbisch Hall

In den fünfziger Jahren des vorigen Jahrhunderts gab es in Deutschland noch 15 verschiedene regionale Schweinerassen. Als Rudolf Bühler 1984 aus der Entwicklungshilfe zurückkam, um den elterlichen Sonnenhof in Hohenlohe in der 14. Generation zu übernehmen, gab es nur noch drei. In diesem von Agrarindustrie und Gentechnik dominierten Umfeld tat bäuerliche Selbsthilfe Not. Rudolf Bühler kannte dies bereits aus seiner langjährigen Entwicklungshilfezeit in Afrika und Asien.
Zunächst galt es, das Hällische Landschwein zu retten. Bühler sammelte die letzten überlebenden Tiere ein, gab ihnen Asyl auf

WISSENSWERT

Ziele und Grundwerte der BESH

- Solidarisches Wirtschaften. Gleiche Rechte und Pflichten für jeden Mitgliedsbetrieb
- Biodiversität und Ökologie als Grundprinzip bäuerlichen Wirtschaftens
- Verantwortung für die Schöpfung, sauber und fair erzeugte Lebensmittel
- Kulturarbeit im ländlichen Raum, Förderung von Agrarkultur und indigenem Wissen
- Gesellschaftliches Engagement und internationale Solidarität für „Farmers Rights"

seinem Sonnenhof und leitete 1986 die Gründung einer Züchtervereinigung zum Wiederaufbau der alten Landrasse ein. Mit Erfolg: Heute gilt diese älteste deutsche Schweinerasse mit über 3500 Muttersauen wieder als gesichert.
1988 folgte die Gründung der Vermarktungsinitiative „Bäuerliche Erzeugergemeinschaft Schwäbisch Hall“ (BESH) mit acht gleichgesinnten Hohenloher Bauern, die erstmals Richtlinien für eine artgerechte Tierhaltung und gesunde Tierfütterung traditioneller Rassen aufstellte. 2005 wurden Rudolf Bühler und der BESH für diese Pionierleistung der Deutsche Tierschutzpreis verliehen. Heute sind der BESH über 1400 Bauernhöfe aus der Region angeschlossen und sie gilt als Symbol bäuerlichen Widerstands gegen die Agrar- und Lebensmittelindustrie.
Seit 2001 gehört zur Erzeugergemeinschaft auch einer der modernsten Schlachthöfe mit angeschlossener Verarbeitung und Wurstmanufaktur. Von hier aus beliefert die BESH Fachmetzgereien in ganz Deutschland, bekannte Feinkostgeschäfte wie Käfer in München, Böhm in Stuttgart, die Feinkostabteilungen der Warenhäuser Kaufhof, Karstadt oder auch des KaDeWe in Berlin. Und nicht zuletzt weiß auch die Spitzengastronomie schon lange das Fleisch aus Schwäbisch Hall zu schätzen.

Miteinander ins Gespräch zu kommen, das war der erklärte Wunsch von Prinz Charles, als er im Mai 2013 die BESH besuchte. Rudolf Bühler empfing zusammen mit anderen Hohenloher Bauern den britischen Thronfolger zu einer Landpartie. Der Austausch zwischen dem prominenten Gast und den Bauern war intensiv und rege. Prinz Charles praktiziert auf seinen Gütern Cornwall und Highgrove selbst ökologische Landwirtschaft.

Griebenschmalz

Vorspeise/Brotzeit
Für 6–8 Portionen

500 g frischer (grüner) Schweinerückenspeck ohne Schwarte
250 g Schweineflomen (weiches Bauchfett)
2 große Zwiebeln
1 säuerlicher Apfel
1 TL Wacholderbeeren
2 Gewürznelken
2 EL Öl (z. B. Rapsöl)
Salz, Pfeffer aus der Mühle
Außerdem: 3 Schraubverschlussgläser je ca. 200 ml

Info
Dieses Rezept stammt von Johanna Bühler vom Arche-Hof „Sonnenhof" in Wolpersthausen.

■ Rückenspeck und Flomenfett in Streifen schneiden und durch die größte Scheibe des Fleischwolfes drehen oder beides in 5 mm kleine Würfel schneiden. Beide Zwiebeln abziehen, davon eine klein würfeln. Den Apfel schälen, entkernen und ebenso klein würfeln.

■ Speck- und Flomen mit der ganzen Zwiebel, den Wacholderbeeren und Gewürznelken sowie 2 EL Wasser in einen weiten Topf oder eine Pfanne mit hohem Rand geben. Langsam erhitzen und bei mittlerer Hitze schmelzen und goldgelb werden lassen, dabei öfter umrühren. Das dauert etwa 20 Minuten.

■ Inzwischen das Öl in einer Pfanne erhitzen, die Zwiebelwürfel darin goldgelb rösten. Apfelwürfel hinzufügen und 1 Minute unter Rühren mitbraten.

■ Das ausgebratene Fett durch ein feines Sieb in eine Schüssel gießen. Ganze Zwiebel, Wacholder und Nelken aus dem Sieb entfernen, so dass die Grieben zurückbleiben. Fett wieder in Topf oder Pfanne gießen. Grieben und die Zwiebel-Apfel-Mischung zugeben, alles vermischen. Kräftig mit Salz und Pfeffer würzen.

■ Griebenschmalz in saubere Gläser (oder Steingut-Tiegel) füllen und gut verschließen. Im Kühlschrank aufbewahren. Dazu schmecken Brezen oder dunkles Bauernbrot.

Hauptgericht
Für 4 Portionen

2 Schweinefilets à 300 g (am besten gleichmäßig dick)
250 g Champignons
2 TL Zitronensaft
1 kleine Möhre (ca. 50 g)
3 Schalotten
1 Knoblauchzehe (nach Belieben)
2 EL Butterschmalz
Salz, Pfeffer aus der Mühle
2 EL trockener Wermut (alternativ Fleischbrühe)
70 ml Fleischbrühe
1 TL Thymian
200 g Hackfleisch vom Schwein
2 EL fein gehackte Petersilie
450 g TK-Blätterteig (aufgetaut)
etwas Mehl zum Ausrollen
1 Eigelb
3 EL Milch

Tipp
Falls die Schweinefilets dünne Enden haben, einfach eines davon abschneiden und auf der anderen dünnen Seite umgekehrt anlegen. Für eine Dekoration die abgeschnittenen dicken Teigränder flacher ausrollen, in Streifen oder Ornamente schneiden, die Fleischpäckchen damit verzieren und ebenfalls einpinseln.

Filet in Blätterteighülle

■ Die Filetstücke trocken tupfen. Champignons putzen, fein hacken und mit Zitronensaft mischen. Möhre schälen, putzen und raspeln. Schalotten und Knoblauch abziehen, sehr fein würfeln.

■ Schmalz erhitzen und das Filet darin rundherum kräftig anbraten. Aus dem Fett heben, salzen, pfeffern und beiseite stellen. Pilze, Möhre, Schalotten und Knoblauch im Bratfett anbraten. Wermut zugießen und völlig einkochen lassen. Brühe und Thymian zugeben, alles köcheln lassen, bis die Flüssigkeit fast verdampft ist. Den Gemüsemix abkühlen lassen, bis er lauwarm ist.

■ Hackfleisch mit Gemüsemix und Petersilie gründlich verkneten. Mit Salz und Pfeffer würzen. Den Backofen auf 220 °C vorheizen. Ein Backblech mit Backpapier auslegen.

■ Den aufgetauten Blätterteig ganz leicht mit Mehl bestäuben, je 3 Platten aufeinanderlegen und mit der leicht bemehlten Teigrolle zu zwei großen Teigplatten ausrollen. Dicke Teigränder abschneiden. Den Gemüsemix auf die Teigplatten streichen, dabei an der Rändern jeweils einen Rand lassen. In die Mitte jeder Teigplatte ein Filet legen und locker in den Teig einrollen. Die Enden einschlagen und festdrücken. Die Nahtstelle zusammendrücken. Filetpäckchen mit der Nahtstelle nach unten aufs Blech legen.

■ Eigelb mit Milch verrühren, den Teig damit gleichmäßig bepinseln. Das Blech in den Ofen (Mitte) schieben und das Filet in ca. 40 Minuten goldbraun und knusprig backen. Vor dem Anschneiden mindestens 5 Minuten ruhen lassen. Dazu schmeckt ein gemischter Salat.

Schnitzel-Auflauf

Hauptgericht
Für 4 Portionen

2 EL Butter
1 gehäufter EL Mehl
500 ml Milch
Salz, Pfeffer aus der Mühle
1 TL fein abgeriebene Bio-Zitronenschale
1–2 TL Zitronensaft
Fett für die Form
2 feste Zucchini
4 mittelgroße Tomaten
125 g junger Gouda in Scheiben
4 Schweineschnitzel à 160–180 g
250 g Lasagne-Nudelplatten ohne Vorkochen
50 g frisch geriebener Hartkäse (z. B. Gruyère)

■ Die Butter in einem Topf erhitzen. Das Mehl zufügen und farblos andünsten. Milch nach und nach unter Rühren zugießen, bis eine sämige Sauce entsteht. 5 Minuten leicht köcheln lassen. Die Mehlschwitze mit Salz, Pfeffer, Zitronenschale und Zitronensaft kräftig abschmecken.

■ Den Backofen auf 200 °C vorheizen. Eine ausreichend große Auflaufform einfetten. Zucchini und Tomaten waschen und putzen. Zucchini der Länge nach in Scheiben schneiden. Tomaten quer zum Stielansatz in Scheiben schneiden. Goudascheiben entrinden und längs halbieren.

■ Schnitzel trocken tupfen, leicht salzen und pfeffern. Dachziegelartig abwechselnd Schnitzel, Zucchini, Gouda, Tomaten und Nudelplatten in die Form schichten. Die Zitronensauce darüber verteilen. Mit dem Reibkäse bestreuen. Schnitzel-Auflauf im Ofen etwa 40 Minuten garen. Dazu schmeckt grüner gemischter Blattsalat.

Meerrettich-Schnitzel

Hauptgericht
Für 4 Portionen

4 Schweineschnitzel à 150 g (aus der Oberschale)
Salz, Pfeffer aus der Mühle
2 Eier
2 TL Sahne-Meerrettich (aus dem Glas)
4 EL Mehl
150 g Semmelbrösel
150 g Butterschmalz
4 Zitronenspalten

■ Die Schnitzel plattieren (s. u.). Anschließend trocken tupfen, salzen und pfeffern. Die Eier mit dem Meerrettich gut verrühren. Mehl und Semmelbrösel auf getrennten Tellern ausbreiten.

■ Schnitzel zuerst von beiden ins Mehl drücken und das überschüssige Mehl abschütteln. Fleischscheiben anschließend durch die verquirlten Eier ziehen und zum Schluss in den Semmelbröseln wenden.

■ Das Schmalz in einer großen Pfanne erhitzen. Die Schnitzel darin portionsweise bei starker Hitze auf jeder Seite in etwa 3 Minuten goldbraun braten, dabei die Pfanne ab und zu rütteln. Schnitzel herausheben und kurz auf Küchenpapier abtropfen lassen. Mit Zitronenspalten servieren.

Info
Die Schnitzel sollten gleichmäßig dünn sein. Dafür jede Fleischscheibe mit dem Handballen flachdrücken. Oder mit Frischhaltefolie bedecken und mit einem Plattiereisen oder einem Pfannenboden sanft flachklopfen.

Schnitzelbrot

SNACK/BROTZEIT
FÜR 4 PORTIONEN

200 g rote Zwiebeln
2 EL Butterschmalz
1 TL Zucker
1 TL Thymianblättchen
Salz, Pfeffer aus der Mühle
100 ml Rotwein oder Gemüsebrühe
4-8 Salatblätter
1 EL weiche Butter
2 TL körniger Senf
Öl für die Folie
4 Schweineschnitzel à 80 g (aus der Oberschale)
2 EL Salbeiblätter
4 Scheiben Holzofen- oder Graubrot

■ Zwiebeln abziehen, halbieren und in dünne Streifen schneiden. 1 EL Schmalz erhitzen, die Zwiebeln darin bei mittlerer Hitze anbraten. Mit Zucker bestreuen und unter gelegentlichem Rühren 1 Minute karamellisieren. Mit 1/2 TL Thymian, Salz und Pfeffer würzen. Wein oder Brühe angießen und die Zwiebeln so lange schmoren, bis die Flüssigkeit fast eingekocht ist.

■ Salatblätter waschen und trocken tupfen. Butter und Senf verrühren. Schnitzel trocken tupfen. Zwischen zwei Stücken geölter Frischhaltefolie flach klopfen. Schnitzel im restlichen heißen Butterschmalz bei mittlerer Hitze auf jeder Seite etwa 2 Minuten braten, dabei die Salbeiblätter mitbraten. Mit Salz und Pfeffer würzen.

■ Brote mit der Senfbutter bestreichen und mit Salatblättern belegen. Zwiebelstreifen bis auf 2 EL darauf verteilen. Schnitzel auf die Brote legen, mit Salbeiblättern, restlichen Zwiebelstreifen und übrigem Thymian bestreuen.

Bayerischer Krustenbraten

HAUPTGERICHT
FÜR 6 PORTIONEN

1,5 kg Schweinebraten mit Schwarte (aus Hüfte oder Schulter)
Salz, Pfeffer aus der Mühle
1/2 TL edelsüßes Paprikapulver
1 Knoblauchzehe
2 Zwiebeln
2 Möhren
200 g Knollensellerie
1 kleine Stange Lauch
1 Tomate
4 Stiele glatte Petersilie
500 g Fleischknochen
150 ml Gemüsebrühe

■ Den Backofen auf 180 °C vorheizen. Schweinebraten gut trocken tupfen. Etwas Salz mit Pfeffer und Paprikapulver vermischen. Den Knoblauch schälen und dazu pressen. Die Fleischseite des Bratens mit dem Gewürzmix einreiben.

■ Den Braten mit der Schwarte nach unten in einen großen Bräter setzen. 250 ml Wasser aufkochen und in den Bräter gießen. Braten im Ofen (Mitte) 30 Minuten garen.

■ Inzwischen Zwiebeln und das Wurzelgemüse putzen und grob zerkleinern. Tomate waschen, vierteln und den Stielansatz entfernen. Petersilie waschen und trocken schütteln. Die Knochen mit einem feuchten Tuch abreiben.

■ Den Braten aus dem Ofen nehmen, mit der Schwarte nach oben auf ein Küchenbrett legen. Mit einem scharfen Messer die Schwarte quer im Abstand von etwa 1 cm einschneiden.

■ Fleisch mit der Schwarte nach oben wieder in den Bräter legen. Knochen, Gemüsestücke und Petersilienstiele rundherum verteilen. Die Brühe zugießen. Schweinebraten im Ofen (Mitte) weitere 1,75 bis 2 Stunden garen, dabei regelmäßig mit der Flüssigkeit aus dem Bräter begießen.

■ Das Fleisch aus dem Bräter heben und auf den Rost legen. Die Fettpfanne darunterschieben. 1 TL Salz mit 2 EL warmem Wasser verrühren. Die Schwarte damit bepinseln. Schweinebraten für etwa 5 Minuten unter den Backofengrill schieben, damit die Kruste schön knusprig wird. Danach den Krustenbraten herausnehmen und kurz ruhen lassen.

■ Inzwischen die Sauce aus dem Bräter samt Gemüse und Knochen durch ein Sieb in einen Topf gießen, das Gemüse gut ausdrücken. Die Sauce nach Belieben entfetten, aufkochen und abschmecken. Schweinebraten in Scheiben schneiden und mit der Sauce servieren. Dazu schmecken Kartoffel- oder Semmelknödel.

Kartoffelknödel halb und halb

BEILAGE
FÜR ETWA 12 STÜCK

1,5 kg mehlig kochende Kartoffeln
2 Scheiben Toastbrot oder 1 Semmel (Brötchen)
20 g Butter
1 EL Weißweinessig
125 ml Milch
Salz
ca. 150 g Kartoffel- oder Weizenmehl
2–3 Eier

■ Die Hälfte der Kartoffeln mit Schale gar kochen. Abgießen und auskühlen lassen. Toastbrot oder Semmel in kleine Würfel schneiden und in der heißen Butter goldbraun rösten. Die übrigen rohen Kartoffeln schälen. In einer Schüssel etwas Wasser und Essig vermischen.

■ Die rohen Kartoffeln fein hineinreiben, anschließend in einem Küchentuch portionsweise kräftig ausdrücken. Milch erhitzen. Die trockene Masse in eine Schüssel füllen und sofort mit der Milch übergießen. Leicht salzen und abkühlen lassen, bis sie lauwarm ist.

■ Die gekochten Kartoffeln pellen, durch eine Kartoffelpresse drücken. Mit 120 g Mehl und 2 Eiern zur Kartoffel-Milch-Mischung geben. Alles schnell zu einem glatten Teig verkneten. Mit Salz, Pfeffer und ein wenig Muskatnuss würzen.

■ Einen kleinen Probekloß formen und in einem kleinen Topf mit leicht kochendem Salzwasser etwa 10 Minuten ziehen lassen. Zerfällt der Kloß, noch etwas Mehl zugeben. Ist er zu fest, noch 1 Ei untermischen.

■ Aus dem übrigen Teig mit angefeuchteten Händen knapp tennisballgroße und glatte Knödel formen, dabei jeweils in die Mitte einige Brotwürfel geben.

■ In einem großen Topf mindestens 3 l Wasser aufkochen lassen. Salzen. Knödel hineinlegen, zugedeckt einmal aufkochen lassen und danach ohne Deckel bei ganz kleiner Hitze 20–25 Minuten gar ziehen lassen, bis sie oben schwimmen.

Das „Mohrenköpfle“

In der Gastronomie „Mohrenköpfle“ im Regionalmarkt Hohenlohe (s. S. 191) wird echte Hohenloher Gastfreundlichkeit gelebt und bodenständig gekocht nach den Originalrezepten der Hohenloher Landfrauen. Ilonka Lang ist Landfrauenvorsitzende und Leiterin der Gastronomie „Mohrenköpfle“. Sie lebt mit Leib und Seele die sprichwörtliche Hohenloher Herzlichkeit.

Mohrenköpfle ist eine liebevolle Umschreibung und der Kosename des Schwäbisch-Hällischen Landschweins. Und so gibt es hier natürlich die klassischen Schweinegerichte, angefangen vom Echt Hällischen Schweineschnitzel über den weithin bekannten Krustenbraten bis hin zur Lende im Speckmantel, zur Hausmacher Wurst und zum Rauchfleisch auf dem zünftigen Vesperbrett.

Nicht zu vergessen die lokale Küche mit Boeuf de Hohenlohe. Die Klassiker sind Siedfleisch mit Sahne-Meerrettichsauce, gewürfelten Röstkartoffeln, Preiselbeerengsälz und süß-saurem Gürkle; sodann der weithin berühmte Rostbraten mit Zwiebeln und Bratkartoffeln, der Sauerbraten mit Semmelknödel und Preiselbeeren oder einfach ein Teller saure Kutteln. Natürlich wird hier auch das „Mohrenköpfle Bier“ frisch vom Fass gezapft, und es gibt den berühmten Tauberschwarz, eine alte wiederentdeckte Rebsorte.

Aus dem Backhäusle inmitten des Biergartens kommt das herzhafte Holzofen-Bauernbrot, das täglich frisch aus heimischem Brotgetreide gebacken und zum Vesperbrettl serviert wird. Dazu gibt's Echt Hällischen Senf aus ökologischem heimischen Anbau.

Zu Fuß nur 15 Minuten entfernt ist eine Eichelmast-Schweineweide zu erreichen, auf der eine Herde Schwäbisch-Hällischer Schweine lebt. Und direkt hinter dem Biergarten kann man durch den ökologischen Kräuter- und Gemüsegarten mit Grünem Klassenzimmer flanieren.

Kurzum: Das kulinarische Tor Hohenlohes ist ein Besuch wert!

Paniertes Schweinekotelett

vom Schwäbisch-Hällischen Landschwein

HAUPTGERICHT
FÜR 4 PORTIONEN

4 Schweinekoteletts mit Knochen à 200–230 g vom Schwäbisch-Hällischen Landschwein
Salz, Pfeffer aus der Mühle
3 EL Mehl
2 Eier
100 g Mutschelmehl oder Semmelbrösel
2–3 EL Schweine- oder Butterschmalz

■ Die Koteletts gut trocken tupfen. Beidseitig salzen und pfeffern. Mehl in einen Teller füllen, Eier in einem zweiten verquirlen, Mutschelmehl oder Semmelbrösel in einen dritten Teller streuen. Die Koteletts von beiden Seiten zuerst ins Mehl drücken und überschüssiges Mehl abschütteln. Fleisch anschließend durchs Ei ziehen und zum Schluss im Mutschelmehl oder den Semmelbröseln wenden. Die Panade nicht andrücken.

■ Das Schmalz in einer großen Pfanne erhitzen. Die Koteletts darin in etwa 12 Minuten von beiden Seiten goldbraun und knusprig braten. Sofort servieren. Dazu schmeckt Kartoffelsalat (s. S. 98).

Info
Dieses Rezept stammt von Johanna Bühler, ehemalige Gastwirtin auf dem Sonnenhof in Wolpertshausen und Mutter von Rudolf Bühler.

Mutschelmehl wird auch Ulmer Mutschelmehl genannt. Es wird aus hellem und krustenfreiem Weißbrot besonders fein gemahlen und in der schwäbischen Küche gerne zum Panieren verwendet.

Schweinefilet im Wirsingmantel

HAUPTGERICHT
FÜR 4 PORTIONEN

300 g Wirsingblätter (ca. 8–10 Stück)
Salz
700–800 g Schweinefilet
Pfeffer aus der Mühle
1 EL Butterschmalz
2 EL körniger Senf
3 Schalotten
300 Pfifferlinge (alternativ Champignons)
3 EL trockener Wermut
250 ml Gemüsebrühe
100 g Sahne
etwas Speisestärke (nach Belieben)

■ Die Wirsingblätter waschen und die Mittelrippen herausschneiden. Blätter in kochendes Salzwasser geben, 2–3 Minuten blanchieren. Kalt abschrecken und gut trocken tupfen. Die Blätter überlappend zu einem Rechteck auslegen. Das Schweinefilet von Fett und Sehnen befreien, Fleisch trocken tupfen, salzen und pfeffern.

■ Schmalz in einem Bräter erhitzen, das Filet darin anbraten. Herausheben, rundherum mit Senf bestreichen und auf den Wirsing legen. Die Blätter seitlich einschlagen und das Fleisch einrollen, mit Küchengarn umbinden.

■ Die Schalotten abziehen, fein würfeln. Pfifferlinge putzen, große Exemplare längs halbieren. Schalotten und Pilze im Bratfett anbraten. Herausnehmen und beiseite stellen. Wermut, Brühe und Sahne in den Bräter gießen. Das Filet hineinlegen und zugedeckt bei mittlerer bis kleiner Hitze 20 Minuten schmoren. Herausheben und in Alufolie wickeln und kurz ruhen lassen.

■ Währenddessen Schalotten und Pilze in die Sauce rühren und heiß werden lassen. Sauce eventuell mit Stärke binden, mit Salz und Pfeffer abschmecken. Das Schweinefilet in Scheiben schneiden und mit der Sauce servieren. Dazu schmecken Spätzle oder Kartoffeln.

Speck mit Bohnen und Birnen

Hauptgericht
Für 4 Portionen

500 g durchwachsener und geräucherter Bauchspeck am Stück
600 ml Fleischbrühe
600 g festkochende Kartoffeln
2 Zweige Bohnenkraut
600 g frische grüne Bohnen
Salz
3 kleine festere Birnen
1 EL Butterschmalz
1 EL fein gehackte Petersilie
Pfeffer aus der Mühle

■ Den Speck mitsamt der Brühe in einen Suppentopf geben, alles aufkochen und den Speck zugedeckt bei kleiner Hitze in etwa 40 Minuten weich köcheln. Inzwischen die Kartoffeln schälen, waschen und in Spalten schneiden. Etwa 15 Minuten vor Garende des Specks in den Topf geben.

■ Bohnenkraut waschen und trocken schütteln. Die Bohnen waschen, Spitze und Stielansatz abschneiden, Bohnen zwei- bis dreimal durchbrechen. In kochendem Salzwasser 7–8 Minuten mit 1 Zweig Bohnenkraut vorgaren. Kalt abschrecken und abtropfen lassen.

■ Speck und Kartoffeln mit einem Schaumlöffel aus der Brühe heben. Von der Brühe 150 ml abmessen, restliche Brühe anderweitig verwenden. Vom Speck die Schwarte entfernen und das Fleisch in etwa 1 cm dicke Scheiben schneiden.

■ Birnen waschen, abtrocknen, vierteln und das Kerngehäuse entfernen. Birnen in Spalten schneiden. Butterschmalz in einer großen Pfanne erhitzen. Die Birnen darin 3–4 Minuten anbraten, herausheben.

■ Nacheinander erst den Speck, dann die Kartoffeln und die Bohnen in die Pfanne geben und anbraten. Die abgemessene Brühe zugießen sowie die Birnen und die Petersilie zufügen. Alles vermischen und noch einmal aufkochen lassen. Mit Salz und Pfeffer abschmecken. Mit übrigem Bohnenkraut garniert servieren.

Info
Ursprung ist der norddeutsche Eintopf-Klassiker, der in Schleswig-Holstein auch als „Gröner Hein“ bekannt ist. Hier eine moderne Interpretation.

Gegrillte Schweinerippchen

Hauptgericht
Für 4 Portionen

1,2 kg Schweinerippchen (Schälrippchen; vom Metzger portionieren lassen)
Salz
1 Zwiebel
1 Knoblauchzehe
4 EL Orangensaft
1 EL mittelscharfer Senf
3 EL flüssiger Honig
100 ml helle Sojasauce
4 EL süßscharfe Chilisauce (Fertigprodukt, Asienregal)
Cayennepfeffer oder Pfeffer aus der Mühle

■ Die Schweinerippchen kalt waschen, um eventuelle Knochensplitter zu entfernen. Rippchen in kochendes Salzwasser geben und zugedeckt 30 Minuten leicht kochen lassen.

■ Während die Rippchen vorgaren, für die Marinade Zwiebel und Knoblauch schälen und würfeln. Zusammen mit Orangensaft, Senf, Honig, Sojasauce und Chilisauce fein pürieren. Mit Salz und Pfeffer nach Geschmack mehr oder weniger scharf abschmecken.

■ Die Rippchen abgießen, etwas abkühlen lassen und trocken tupfen. In eine Schale geben und mit der Marinade vermengen. Zugedeckt im Kühlschrank mindestens 8 Stunden marinieren.

■ Zum Grillen die Rippchen aus der Marinade nehmen, in Alu-Grillschalen legen und mit etwa 10 cm Abstand zur Hitzequelle 15–20 Minuten garen, bis das Fleisch zart ist, dabei immer wieder wenden und mit der übrigen Marinade bepinseln.

Schweinebauch aus dem Römertopf

Hauptgericht
Für 4 Portionen

800 g nicht zu fetten Schweinebauch ohne Knochen und Schwarte
Salz, Pfeffer aus der Mühle
1 TL edelsüßes Paprikapulver
100 g kleine Zwiebeln
1 Bund Suppengemüse (ca. 200 g)
800 g Spitz- oder Weißkohl
1 TL getrockneter Majoran
150 ml Fleischbrühe

■ Den Römertopf nach Herstelleranweisung wässern. Währenddessen den Schweinebauch trocken tupfen. Etwas Salz mit Pfeffer und Paprikapulver mischen, das Fleisch damit rundherum einreiben.

■ Zwiebeln abziehen und vierteln. Suppengemüse waschen, putzen und in kleine Würfel schneiden. Den Kohl vierteln, putzen und in feine Streifen schneiden. Kohl mit Zwiebeln, Suppengemüse und Majoran vermengen.

■ Gemüsemischung und Fleisch in den abgetropften Römertopf füllen, die Brühe zugießen. Tontopf schließen, in den kalten Backofen auf die unterste Schiene stellen. Ofen auf 220 °C schalten. Braten und Gemüse in etwa 90 Minuten garen.

■ Schweinebauch aus dem Topf heben und warm stellen. Das Kohlgemüse mit Salz und Pfeffer abschmecken. Braten in Scheiben schneiden und mit dem Gemüse anrichten. Dazu schmecken Petersilienkartoffeln.

Geschmorter Schweinebauch in Apfelwein

HAUPTGERICHT
FÜR 4 PORTIONEN

1 EL Öl (z. B. Rapsöl)
8 Scheiben magerer Schweinebauch ohne Schwarte, je ca. 100 g
Salz, Pfeffer aus der Mühle
1 Knoblauchzehe
1 TL rosenscharfes Paprikapulver
1/2 TL getrockneter Majoran
1 EL brauner Zucker
1 EL Weinessig
600–700 ml Apfelwein
250 g Schalotten
1 kleiner säuerlicher Apfel

■ Das Öl in einem Schmortopf erhitzen. Die Fleischscheiben trocken tupfen und portionsweise im heißen Fett von beiden Seiten goldbraun anbraten. Herausnehmen, salzen und pfeffern.
Das Fett aus dem Topf bis auf etwa 1 EL abgießen. Den Knoblauch abziehen, ins Fett pressen und kurz andünsten. Hintereinander Paprikapulver, Majoran, Zucker und Essig einrühren.

■ Fleisch wieder in den Topf legen. 500 ml Apfelwein zugießen. Aufkochen und zugedeckt bei kleiner Hitze zunächst 1 Stunde schmoren.

■ Die Schalotten abziehen und längs vierteln. Zum Schweinebauch geben und alles zusammen noch 30–40 Minuten weiterschmoren, bis das Fleisch butterzart ist. Falls nötig, noch etwas Apfelwein zugießen. Apfel waschen, halbieren, entkernen und in Würfel schneiden. Etwa 5 Minuten vor Garzeitende des Schweinebauchs in den Topf geben. Zum Servieren die Sauce abschmecken. Dazu schmecken Spätzle oder kräftiges Bauernbrot.

Erbsensuppe mit Rippchen

SUPPE/SNACK
FÜR 4 PORTIONEN

400 g getrocknete, geschälte gelbe Erbsen
500 g Schweinerippchen (oder Dicke Rippe)
1 TL Pimentkörner
2 Gewürznelken
1 Lorbeerblatt
1 kleines Bund Suppengemüse
Salz, Pfeffer aus der Mühle
2 Frühlingszwiebeln

Tipp
Kräftiger schmeckt die Suppe, wenn die Schweinerippchen gepökelt sind. Diese eventuell beim Metzger vorbestellen. Als Alternative schmeckt auch gepökelter Schweinebauch prima.

■ Die Erbsen in ein Sieb geben und mit kaltem Wasser überbrausen. Erbsen mit reichlich Wasser in eine Schüssel geben und 2 Stunden einweichen. Schweinerippchen unter fließendem Wasser kurz waschen, dabei eventuelle Splitter entfernen. Rippchen und 1,5 l kaltes Wasser in einem Suppentopf aufkochen. Den Schaum abschöpfen.

■ Pimentkörner zerdrücken, mit den Gewürznelken in ein Gewürzsäcken oder in ein Tee-Ei füllen und mit dem Lorbeer in den Topf geben. Alles aufkochen und zugedeckt 1,5 Stunden köcheln lassen.

■ Suppengemüse waschen, putzen und klein würfeln. Die eingeweichten Erbsen in einem Sieb abtropfen lassen. Mit dem Gemüse zum Fleisch in den Suppentopf geben. Salzen. Nochmals aufkochen und zugedeckt bei kleiner Hitze noch etwa 1 Stunde köcheln lassen, bis die Erbsen zerfallen.

■ Schweinerippchen aus der Suppe heben, das Fleisch ablösen, in Stücke schneiden, wieder zurück in die Suppe geben. Mit Salz und Pfeffer abschmecken. Frühlingszwiebel waschen, putzen und in feine Ringe schneiden, über die Suppe streuen. Dazu schmeckt Bauernbrot.

Gulasch Szegediner Art

SUPPE/SNACK
FÜR 4 PORTIONEN

600 g Schweinefleisch (Schulter, Dicke Rippe)
2 Zwiebeln
2 EL Butterschmalz
4 TL edelsüßes Paprikapulver
Salz, Pfeffer aus der Mühle
1 TL Kümmelkörner
1,5 l Fleischbrühe
400 g Sauerkraut
1 rote Paprikaschote
200 g saure Sahne
2 EL Schnittlauchröllchen

■ Das Fleisch trocken tupfen und nicht zu klein würfeln. Zwiebeln abziehen und in dünne Ringe schneiden.

■ Schmalz in einem Schmortopf erhitzen, die Zwiebeln darin bei mittlerer Hitze goldgelb braten. Topf von der Kochstelle nehmen, die Zwiebeln mit 3 TL Paprikapulver bestäuben. Das Fleisch untermischen und unter gelegentlichem Rühren anbraten. Mit Salz, Pfeffer und zerdrücktem Kümmel würzen. Mit 1,25 l Brühe ablöschen und zugedeckt bei milder Hitze zunächst 1 Stunde garen.

■ Das Sauerkraut mit zwei Gabeln zerpflücken und grob hacken. Unter das Gulasch mischen. Weitere 30–40 Minuten zugedeckt garen, bis das Fleisch ganz weich ist. Währenddessen eventuell etwas Brühe nachgießen. Kurz vor Garzeitende die Paprikaschote waschen, vierteln, entkernen, klein würfeln und unterheben. Gulasch mit Salz und Pfeffer abschmecken.

■ Saure Sahne glatt rühren. Gulasch auf Tellern anrichten, einen Klecks saure Sahne in die Mitte setzen und mit Schnittlauchröllchen bestreuen. Mit dem übrigen Paprikapulver bestäuben. Dazu schmeckt knuspriges Weißbrot ebenso wie kräftiges Bauernbrot.

Kräuter-Rollbraten mit Ofenkartoffeln

HAUPTGERICHT
FÜR 6 PORTIONEN

je 3 Zweige Rosmarin, Thymian und Pfefferminze
1 Bio-Zitrone
3 Knoblauchzehen
1,5 kg Rollbraten mit Schwarte (Schulter, Nacken, Bauch)
Salz, Pfeffer aus der Mühle
150 ml Gemüsebrühe
1 kg festkochende Bio-Kartoffeln
Außerdem: Küchengarn

■ Die Kräuterzweige waschen, trocken schütteln und grobe Stiele entfernen. Die Zitrone heiß waschen, abtrocknen und die Schale fein abreiben. Den Knoblauch abziehen, fein würfeln.

■ Backofen auf 200 °C vorheizen. Den Rollbraten auseinander nehmen. Die Innenseite mit Salz und Pfeffer würzen. Zitronenschale, Knoblauchwürfel und die Kräuter darauf verteilen. Das Fleisch aufrollen und im Abstand von etwa 3 cm fest verschnüren. Die Außenseite salzen.

■ Rollbraten auf den Backofenrost legen und in die Mitte des Ofens schieben. Eine Fettpfanne darunter schieben. Fleisch mit der Brühe begießen. Insgesamt etwa 2 Stunden braten, dabei ab und an wenden und mit dem ausgetretenen Bratensaft begießen.

■ Nach 1 Stunde Bratzeit die Kartoffeln gründlich unter Wasser abbürsten und je nach Größe halbieren oder vierteln. In die Fettpfanne geben. Mit dem Fleisch noch etwa 1 weitere Stunde braten, bis das Fleisch gar (Kerntemperatur 75 °C) und die Kruste knusprig ist.

■ Rollbraten und Kartoffeln aus dem Ofen nehmen. Vom Braten das Küchengarn entfernen und das Fleisch in Scheiben schneiden. Mit den Kartoffeln und dem Bratensaft servieren. Dazu schmeckt bissfest gedünstetes Gemüse nach Saison.

Badisches Schäufele

■ Den Wein mit 1,5 l Wasser in einem großen Topf zum Kochen bringen. Inzwischen die Zwiebel abziehen und vierteln. Möhre und Sellerie schälen, waschen und grob zerkleinern. Zwiebel und Gemüse mit Thymian, Lorbeerblatt, Gewürznelken, Pfefferkörnern und Wacholderbeeren in den Topf geben.

■ Das Schäufele in den kochenden Sud legen. Falls nötig, noch Wasser zugießen, bis das Fleisch knapp bedeckt ist. Sud wieder aufkochen lassen, die Temperatur zurückschalten und das Fleisch etwa 2 Stunden pochieren (s. S. 25).

■ Inzwischen für den Salat die Kartoffeln waschen und in Salzwasser garen. Abgießen, pellen, leicht abkühlen lassen und in Scheiben schneiden. Etwa 250 ml vom Schäufele-Kochsud abnehmen und über die Kartoffeln gießen. Kartoffeln mit Essig und Pfeffer würzen. Dann das Öl untermischen. Den Salat durchziehen lassen.

■ Das fertige Schäufele (es ist gar, wenn sich das Fleisch leicht vom Knochen löst) aus dem Sud heben und in Scheiben schneiden. Auf einer vorgewärmten Platte anrichten und mit etwas heißem Sud beträufeln. Den Kartoffelsalat abschmecken und zum Fleisch servieren. Dazu schmeckt ein gemischter grüner Salat.

Info
Außerhalb Baden-Württembergs ist die gepökelte und geräucherte Schweineschulter auf Anhieb schwer zu bekommen. Am besten fragen Sie rechtzeitig Ihren Metzger, ob Sie die Spezialität bei ihm bestellen können.

Variante
Für das Fränkische Schäufele nimmt man eine rohe Schweineschulter mit Knochen und Schwarte. Die Schwarte wird rautenförmig eingeschnitten und das Fleisch mit Salz, Pfeffer und Kümmel gewürzt. Dann mit der Schwarte nach oben in einen Bräter auf ein Bett aus Zwiebeln und Wurzelgemüse gesetzt und etwas Wasser, Fleischbrühe oder Bier hinzugefügt. Das Ganze brät unter regelmäßigem Beschöpfen mit dem Bratensaft etwa 3 Stunden im Backofen, bis das Fleisch zart und die Kruste kross ist.

HAUPTGERICHT
FÜR 6 PORTIONEN

Für das Fleisch
500 ml trockener Weißwein
1 Zwiebel
1 Möhre
150 g Knollensellerie
1 Zweig Thymian
1 Lorbeerblatt
3 Gewürznelken
1 TL Pfefferkörner
2 Wacholderbeeren
2 kg gepökelte und geräucherte Schweineschulter (Schäufele) mit Knochen

Für den Kartoffelsalat
1,5 kg festkochende Kartoffeln
Salz
2–3 EL Essig
Pfeffer aus der Mühle

Ragout vom Schwein mit Anis

HAUPTGERICHT
FÜR 4 PORTIONEN

500 g Schweinefleisch (z. B. Dicke Rippe, Schulter)
1 Möhre (ca. 80 g)
1 zarte Stange Sellerie
1 Zwiebel
1 EL Butterschmalz
2 TL Anissamen
1 Knoblauchzehe
1 gehäufter EL Mehl
150 g Tomatenpüree (aus dem Glas)
Salz, Pfeffer aus der Mühle
1 TL fein abgeriebene Bio-Zitronenschale
125 ml Weißwein
250 ml Fleischbrühe
400 g breite Bandnudeln
1 kleines Bund Schnittlauch
1 EL Butter

■ Das Fleisch trocken tupfen und in etwa 1,5 cm große Würfel schneiden. Möhre schälen und putzen, Sellerie waschen und putzen, Zwiebel abziehen. Das Gemüse klein würfeln.

■ In einem breiten Topf das Butterschmalz erhitzen. Darin portionsweise das Fleisch und das Gemüse mit dem Anissamen anbraten. Knoblauch schälen und durch die Knoblauchpresse dazu drücken. Alles mit Mehl bestäuben und unter Rühren 2 Minuten anschwitzen.

■ Tomatenpüree unterrühren. Mit Salz, Pfeffer und Zitronenschale würzen. Wein und Fond zugießen, aufkochen und das Ragout zugedeckt 50–60 Minuten sanft schmoren lassen, bis das Fleisch zart ist. Mit Salz und Pfeffer abschmecken.

■ Etwa 15 Minuten vor Ende der Schmorzeit die Nudeln in reichlich kochendem Salzwasser nach Packungsangabe bissfest kochen. Währenddessen den Schnittlauch waschen, trocken schütteln und in Röllchen schneiden.

■ Bandnudeln in ein Sieb abgießen, kurz abtropfen lassen. In den Topf zurückgeben und mit Butter vermengen. Schnittlauch unter das Ragout mischen, mit den Nudeln anrichten.

Eisbein Berliner Art mit Erbsenpüree

Hauptgericht
Für 4 Portionen

Für das Fleisch
1 großes gepökeltes Schinkenbein von ca. 1,5 kg (hinteres Eisbein, Surhaxe)
Salz
1 große Zwiebel
1 Bund Suppengemüse
1 Lorbeerblatt
4–5 Pimentkörner
2 Wacholderbeeren

Für das Erbsenpüree
1 kleine Zwiebel
1 EL Butter
600 g tiefgekühlte Erbsen
100 ml Gemüsebrühe
ca. 100 ml Milch
1 EL fein gehackte Petersilie
Salz, Pfeffer aus der Mühle
1 Prise Zucker
1 TL Zitronensaft

■ Eisbein in einem großen Topf mit reichlich kaltem Wasser bedecken, leicht salzen, einmal aufkochen lassen und den Schaum abschöpfen. Zwiebel abziehen und halbieren. Das Suppengemüse waschen, putzen und grob zerkleinern. Beides mit Lorbeerblatt, Pimentkörnern und Wacholderbeeren in den Topf geben. Alles aufkochen und das Eisbein bei kleiner Hitze etwa 1,5 Stunden köcheln lassen. Es ist gar, wenn sich das Fleisch leicht vom Kochen löst.

■ Etwa 30 Minuten vor Garzeitende des Eisbeins das Erbsenpüree zubereiten. Dafür die Zwiebel abziehen und würfeln. Butter erhitzen und die Zwiebel darin glasig dünsten.

■ Tiefgekühlte Erbsen, die Brühe, 50 ml Milch, etwas Salz und Zucker hinzufügen. Alles aufkochen und zugedeckt bei kleiner Hitze 8-10 Minuten köcheln lassen, bis die Erbsen weich sind. Erbsen mit Petersilie und Pfeffer würzen. Alles fein pürieren. Falls das Püree zu dick ist, noch etwas Milch unterrühren. Erbsenpüree mit Salz, Pfeffer und Zitronensaft abschmecken, heiß halten.

■ Das Eisbein aus der Kochbrühe heben. Etwas Brühe in einem breiten Topf erhitzen. Schwarte und Knochen vom Eisbein entfernen. Das Fleisch in Stücke schneiden und noch kurz in der Brühe wieder erhitzen. Zum Servieren die abgetropften Fleischstücke auf dem Erbsenpüree anrichten. Dazu schmecken Salzkartoffeln oder Kartoffelstampf.

Info
Den keilförmigen Knochen des Eisbeins schnallte man sich früher unter die Schuhe und ging damit aufs Eis – daher kommt der ungewöhnliche Name.

Grillhaxe

Hauptgericht
Für 4 Portionen

1 Hintere Schweinshaxe (Schinken-Eisbein), ca. 1,5 kg
Salz
1 Bund Suppengemüse
1 Zwiebel
1 Lorbeerblatt
1 TL schwarze Pfefferkörner
1 TL Speisestärke
100 ml helles Bier
1 TL Honig
1 Scheibe Toastbrot

■ Die Schweinshaxe kalt waschen, um eventuelle Knochensplitter zu entfernen. Haxe in einen Suppentopf legen und 1 TL Salz hinzufügen.

■ Das Suppengemüse waschen, putzen und grob zerkleinern. Zwiebel abziehen und vierteln. Beides mit Lorbeerblatt und Pfefferkörnern in den Topf geben. Alles mit kaltem Wasser aufgießen, bis die Haxe bedeckt ist, aufkochen und zugedeckt bei kleiner Hitze 1 Stunde sanft köcheln lassen.

■ Die Schweinshaxe aus dem Kochsud heben, abtropfen und etwas abkühlen lassen. Die Schwarte mit einem sehr scharfen Messer rautenförmig einschneiden, trocken tupfen.

■ Stärke mit Bier und Honig glattrühren und die Schwarte damit einpinseln. Haxe in die Fettpfanne des Backofens legen und in die Mitte des Ofens schieben. Den Backofen-Grill einschalten. Die Schweinshaxe unter dem Grill (ca. 200 °C) etwa 30 Minuten goldbraun und knusprig werden lassen, dabei die Haxe hin und wieder wenden und mit dem übrigen Bier-Honig-Mix einpinseln. Das Fleisch ist gar, wenn es sich leicht vom Knochen löst.

■ Während die Haxe grillt, vom Kochsud 400 ml durch ein Sieb in einen Topf gießen. Das Toastbrot entrinden, fein zerkrümeln und in den Sud geben. Aufkochen und bei starker Hitze etwa 10 Minuten einkochen lassen. Mit dem Bratenfond der Haxe verrühren und abschmecken. Die Sauce zur Grillhaxe servieren. Dazu schmecken Kartoffelknödel (s. S. 59) und Salat.

Info
Dass man in München und Umgebung die besten Schweinshaxn genießt, hat sich inzwischen weltweit herumgesprochen. Diese Grill-Spezialität ist ein Klassiker der bayerischen Küche.

INFO

Die Gründungs-Ziele der GEH

Als dringliche Maßnahmen wurden auf der Gründungsversammlung der GEH 1981 unter anderem folgende Kriterien festgelegt:

- Erstellen von Merkmalen für die Erhaltungswürdigkeit einzelner Rassen
- Erfassung der noch vorhandenen Bestände
- Erhaltung lebender Bestände bedrohter Rassen
- Aufklärung über die wirtschaftliche, ökologische und kulturgeschichtliche Bedeutung alter Haustierrassen
- Kampf gegen die Diskriminierung von Züchtern seltener Landrassen

Der letzte Punkt mag verwundern, doch damals galten die Züchter gefährdeter Landrassen als rückständig und wurden belächelt. Dabei hatten die Halter dieser Rassen nur andere Zuchtziele im Auge. Nicht quantitative Merkmale waren ihnen wichtig, sondern qualitative wie

- gute Konstitution
- Langlebigkeit
- hohe Fruchtbarkeit
- geringe Geburtsschwierigkeiten
- Widerstandskraft
- Genügsamkeit sowie
- besondere Qualität der Produkte.

Rettung und Vorteil alter Nutztierrassen

Von Prof. Dr. Dr. Hans Hinrich Sambraus

Das Wort „Rasse" oder „Race" wird bei Haustieren schon seit Jahrhunderten verwendet. Ursprünglich galt der Begriff nur für Pferde. Man bezeichnete damit Tiere aus einer Region und ungefähr gleichen Typs. Die Bedeutung des Wortes hat sich in der Zwischenzeit gewandelt.
Bis zur Mitte des 18. Jahrhunderts gab es in der Nutztierhaltung kaum einen züchterischen Fortschritt. Ein Bauer war stolz darauf, dass er eine Kuh besaß, die viel Milch gab. Eine andere Kuh seines Bestandes war gut für die Feldarbeit geeignet und bei einer weiteren pries er den guten Fettansatz. Durch den Deckeinsatz eines einzigen Stieres waren die Eigenschaften der Nachkommen jedoch völlig anders.

Erst in der zweiten Hälfte des 18. Jahrhunderts ging man nach eindeutigen Prinzipien vor. Zunächst hatte man eine klare Vorstellung vom Zuchtziel. Um dieses Zuchtziel zu erreichen, wählte man geeignete Tiere aus. Deren Nachkommenschaft wurde geprüft. Nur die Individuen, die dem Zuchtziel am besten entsprachen, wurden für die weitere Zucht verwendet, alle anderen wurden von der Zucht ausgeschlossen. Dabei legte man Wert auf eine einheitliche Färbung. Nur so war erkennbar, ob ein Tier reinrassig war. Stimmte die Farbe nicht, musste angenommen werden, dass es sich um ein Kreuzungstier handelte. Die erwünschte Leistung war dann nicht zu erwarten.
Insbesondere in der ersten Hälfte des 19. Jahrhunderts entstand bei jeder Nutztierart eine Fülle verschiedener Rassen. Leistungsvergleiche machten deutlich, dass es bessere und weniger gute Rassen gab. Die leistungsfähigere Rasse wurde von anderen Tierhaltern übernommen, oft wurden auch ähnlich aussehende Schläge zu einer Rasse zusammengefasst. Auf diese Weise reduzierte die Zahl der Rassen sich bereits Ende des 19. Jahrhunderts. Dabei standen quantitative Kriterien weit im Vordergrund: hohe tägliche (Gewichts-)Zunahmen, mehr Eier, hoher Anteil wertvoller Teilstücke usw. Die Qualität der Produkte wurde kaum berücksichtigt.
Von der Mitte des 20. Jahrhunderts an ging die Zahl der Rassen deutlich zurück. Bei jeder Nutztierart in Deutschland machten nur wenige Rassen mehr als 95 % aller Rassetiere aus. Beim Rind waren dies *Schwarzbunte, Rotbunte, Fleckvieh* und *Braunvieh*; bei den

Zwei Prachtexemplare der Schwäbisch-Hällischen Landschweine.

Schweinen *Deutsche Landrasse, Piètrain* und *Deutsches Edelschwein*. Andere Rassen waren ausgestorben oder kamen nur noch in wenigen Beständen vor.

Im Dezember 1981 verfasste Dr. Thomas Schultze-Westrum einen Aufruf zur Gründung einer Gesellschaft zur Erhaltung der gefährdeten Rassen. Er war weder Tierarzt noch Landwirt, sondern Zoologe, hatte also von Berufs wegen mit Haustieren kaum etwas zu tun. Richtig ist allerdings, dass Thomas Schultze-Westrum sich schon als Student mit Haustieren befasst hatte und später viel beachtete Filme über Haustiere drehte.

Zur angekündigten Versammlung in Niederbayern kamen acht Personen. Man beschloss die Gründung einer Organisation, die den Namen „Gesellschaft zur Erhaltung alter und gefährdeter Haustierrassen" (GEH) erhielt. Zur Gründung einer Gesellschaft sind in Deutschland sieben Personen erforderlich: Dadurch bekam nahezu jeder Anwesende einen Posten. Thomas Schultze-Westrum als Initiator wurde Erster Vorsitzender. Vorausgegangen war wenige Jahre vorher die Gründung ähnlich orientierter Gesellschaften in Großbritannien und den Niederlanden. Weitere folgten bald darauf; so z. B. in der Schweiz und in Österreich.

Bald kam der Slogan „Klasse statt Masse" auf, und Personen, die zunächst große Abneigung gegen die Ziele der Gesellschaft hatten, zeigten mehr und mehr Verständnis. In der Tat war es „5 vor 12". Viele Züchter gefährdeter Rassen gab es nicht mehr. Bei einer bestimmten Schweinerasse, dem Bunten Bentheimer Schwein, gab es nur noch einen einzigen Züchter: Gerhard Schulte-Bernd. Bei anderen Rassen sah es nicht viel besser aus. Die GEH und viele einzelne Züchter können mit Genugtuung darauf verweisen, dass seit Gründung der Gesellschaft keine Rasse mehr verloren gegangen ist. Es wurde jedoch bald deutlich, dass eine Rasse nicht allein durch Hobbyzüchter mit jeweils geringer Tierzahl erhalten werden kann. Rudolf Bühler wies schon früh darauf hin, dass eine Rasse nur dann überleben kann, wenn sie wirtschaftlich überzeugend ist. „Erhalten durch nutzen" war der Slogan.

INFO

Prof. Dr. Dr. Hans Hinrich Sambraus ist Tierarzt und Zoologe und lehrte Tierhaltung und Verhaltenskunde an der Technischen Universität München. Prof. Sambraus war Mitbegründer der „Gesellschaft zur Erhaltung alter und gefährdeter Haustierrassen" (GEH).

Unabhängig hiervon gilt: Landrassen sind meist Jahrhunderte alt. Sie sind ein Kulturgut, das erhaltungswürdig ist. Niemand fällt heute ohne Not einen uralten Baum, niemand reißt sinnlos ein Jahrhunderte altes Gebäude ab, kein vernünftiger Mensch zerstört ein altes Gemälde. Die alten Nutztierrassen wurden von Menschen geschaffen – sie sind ein Kulturgut. Für sie sollten die gleichen Regeln gelten.
Alte Nutztierrassen kennzeichnen oft durch ihr Erscheinungsbild ganze Landstriche und sie gestalten diese. Hier ist insbesondere an die *Graue Gehörnte Heidschnucke* und die *Weiße Hornlose Heidschnucke* (die nach Jan Teerling jetzt treffend als *Moorschnucke* bezeichnet wird) zu denken. Sie kommen nicht nur mit widrigen Gegebenheiten zurecht, sondern erhalten und gestalten bestimmte Biotope (s. S. 126). Was wäre Südost-Oberbayern ohne das prachtvolle *Pinzgauer Rind*? Wie sähe die Halbinsel Angeln ohne das *Angler Rind* und das markante *Angler Sattelschwein* aus?
Gefährdete Rassen besitzen oft eine besondere Qualität ihrer Produkte. Z. B. wird bei der Heidschnucke vom Verbraucher der wildartige Geschmack des Fleisches gelobt. Der ist eine Folge einer besonderen genetischen Veranlagung, allerdings auch von Haltung und Ernährung. Als auf der Grünen Woche Berlin bei Schweinen noch ein Ausschlachtungs-Wettbewerb stattfand, schnitt das Schwäbisch-Hällische Schwein stets am besten ab. Die Qualität des Muskelfleisches wurde von keiner anderen Rasse übertroffen. Es gibt zahlreiche weitere Beispiele.

Zwar ist die Produktmenge bei Landrassen meist nicht so hoch wie bei Hochleistungsrassen, aber das ist gut so. Man sollte den Tierschutzaspekt nicht vergessen. Bei Hochleistungsrassen sind Anatomie und Physiologie oft überfordert; sie führen zu Krankheiten, Todesfällen oder frühzeitigem Ausscheiden. Hochleistungs-Kühe

Zwei prächtige Ansbach-Triesdorfer. Einst ein hoch geschätztes Dreinutzungstier, steht dieses altfränkische Hausrind heute auf der Liste gefährdeter Haustierrassen.

leiden auffallend häufig an Euterentzündungen, Fruchtbarkeitsstörungen und Klauen-Erkrankungen. Hier ist weniger mehr.

Wer kennt nicht die Hochleistungs-Schweinerassen mit dem minderwertigen PSE- (pale = bleich, soft = weich, exudative = wässrig) oder dem DFD-Fleisch (dark = dunkel, firm = fest, dry = trocken)? Hier werden nicht nur Verbraucher-Erwartungen enttäuscht. Die Tiere leiden. Hennen mit hoher Legeleistung benötigen viel Kalzium für die Eischale. Dieser Kalk wird dem Skelett entzogen. Ein solcher Mangel führt zu einer erhöhten Knochenbrüchigkeit und damit zu Leiden. Das darf nicht sein.

Landrassen sind robust und anspruchslos. Wer eine gefährdete Rasse hält oder ihre Produkte verzehrt, erhält also ein Kulturgut; er trägt zu einem farbigeren Bild unserer Kulturlandschaft bei, tut etwas für den Schutz der Tiere vor Schmerzen und Leiden und beweist Sinn für Esskultur.

Rinder – die Kraft der Natur

Eine Kuh macht muh, viele Kühe machen Mühe.
VOLKSMUND

Rinder – wertvolle Rassen

Rinder waren schon immer die wichtigsten „Nutztiere" der Bauern. Man nutzte sie für den Vorspann am Pflug und vor dem Ackerwagen, wenn sich der Kleinbauer kein Pferd leisten konnte. Dann sprach man vom „Kuhbauern". Vor allem in den tropischen Ländern sind auch heute noch Rinder oftmals die wichtigsten Zugtiere.

Je nach Nutzung der Rinder spricht man von Ein-, Zwei- oder Dreinutzungsrassen. So ist die beinahe ausgestorbene Rasse der Limpurger eine klassische Dreinutzungsrasse für Milch, Fleisch und Zugleistung. Ebenso wie die Hinterwälder aus dem Schwarzwald. Wie bei den Schafen und Schweinen deuten die Rassebezeichnungen stets auf die Region hin, wo sie ursprünglich herkommen und heimisch sind.

Heute werden Rinder wieder mehr im Freien gehalten, in sogenannten „Mutterkuhherden". Hier bleibt das neugeborene Kalb stets bei der Mutter und erhält allein Milch, frisches Gras und die Kräuter des Sommers zur gesunden Ernährung. Die Schlachttiere aus Mutterkuhhaltung liefern das edelste Rindfleisch.

Gelbvieh

Ursprünglich beheimatet ist das Gelbvieh in Unter-, Ober- und Mittelfranken, weshalb man es auch „Gelbes Frankenvieh“ nennt. Das einst als Dreinutzungsrind (Milch, Fleisch, Arbeit) gehaltene Gelbvieh ist genügsam und robust und kommt auch mit mageren Weiden gut zurecht.
Nachdem man um 1875 mit der planmäßigen Reinzucht begonnen hatte, erlebte das Gelbvieh auch außerhalb Frankens einen enormen Aufschwung, vor allem in den 1920er-Jahren. Nach dem Zweiten Weltkrieg wurde mit der zunehmenden Mechanisierung in der Landwirtschaft auch das Gelbvieh als Arbeitstier verdrängt. Der Gesamtbestand ist seither enorm zurückgegangen. Das Fleisch des heute als Zweinutzungsrind (Fleisch, Milch) eingesetzten Gelbviehs ist feinfaserig, gut marmoriert, saftig und zart.

Glanvieh

In Rheinland-Pfalz, rund um den Donnersberg südlich von Bad Kreuznach sowie im Glantal, ist das seit 1820 rein gezüchtete Glanrind zu Hause. Hier lebt auch noch über die Hälfte des heutigen Bestandes (der Rest verteilt sich auf NRW und das Saarland).
Das futtergenügsame Glanvieh setzte sich als Dreinutzungsrind in ganz Südwestdeutschland durch (Höchststand ca. 400 000 Tiere).
Seit den 1950ern führte eine massive Verdrängungskreuzung mit dem Ziel einer höheren Milchleistung fast zum Aussterben der Rasse. 1984 begann man mit den letzten 25 Tieren eine neue Zucht. Dennoch gilt die Rasse als extrem gefährdet.
Wegen des hohen Anteils von roten Fleischfasern infolge der früheren Zucht auf Arbeitsleistung ist das zarte, feinfaserige und gut marmorierte Fleisch besonders aromatisch.

Murnau-Werdenfelser

Das Murnau-Werdenfelser Rind ist ursprünglich im Landkreis Garmisch (Murnauer Moos) sowie im Werdenfelser Land beheimatet. Mit seinen Klauen ist es perfekt an das extrem steile Gelände ebenso wie an die sumpfigen Talgründe und Moorlandschaften im Alpen- und Voralpenland angepasst. Bis zum Beginn des 20. Jh.s war dieses Dreinutzungsrind sehr beliebt.
Dann gingen die Bestandszahlen dramatisch zurück, vor allem mit der Spezialisierung auf Fleisch- oder Milchhochleistungsrassen nach dem Zweiten Weltkrieg. Erst die Bemühungen der Tierzuchtanstalt in Grub in den 1970ern, später auch der GEH (s. S. 74) und von Slow Food sowie die Gründung des Fördervereins 2007 in München konnten den völligen Niedergang aufhalten. Das Fleisch zeichnet sich durch eine außergewöhnliche Geschmacksfülle aus.

Pinzgauer

Das ursprünglich als Dreinutzungsrind geschätzte Pinzgauer Rind ist benannt nach dem Bezirk „Pinzgau" im Bundesland Salzburg. Das Stammzuchtgebiet liegt in Österreich, Bayern und Südtirol.
In den von kleinbäuerlichen Strukturen geprägten Bergregionen führten die extensiven Haltungsformen zu einer extrem klimarobusten und marschtüchtigen Rasse mit harten Klauen. Bereits zu Beginn des 19. Jh.s wurden Pinzgauer zu einem Exportschlager. Mittlerweile sind die auch für Klima-Extreme geeigneten Tiere auf vier Erdteilen vertreten.
Heute schätzt man Pinzgauer wegen der vorzüglichen Milchqualität zur Käseerzeugung – und wegen der legendären, seit langem geschätzten Fleischqualität. So verarbeiteten früher die Ochsenbratereien auf dem Oktoberfest ausschließlich Pinzgauer Ochsen.

Hinterwälder

Das Hinterwälder Rind ist sehr klein und leicht. Das muss es auch sein. Denn nur so kann es sich in seiner Heimat, auf den unwegsamsten steilen Lagen und dem z. T. tiefgründigen Gelände des Südschwarzwaldes zwischen Feldberg und Belchen trittfest bewegen.
Doch die (1829 erstmals erwähnten) Hinterwälder haben umgekehrt die Natur auch entscheidend mit geprägt. So sind die hier typischen Weidebuchenbestände überhaupt erst durch die Beweidung mit Hinterwäldern entstanden, konnte die Offenhaltung der Kulturlandschaft im Südschwarzwald im Gegensatz zum bewaldeten Nordschwarzwald gewährleistet werden.
Das Fleisch der langsam wachsenden, in den 1970er-Jahren fast ausgestorbenen Rasse weist kürzere und feinere Muskelfasern auf, ist butterzart, fein marmoriert und besonders schmackhaft.

Limpurger

Das Limpurger Rind ist mit über 200 Jahren Zuchtgeschichte die älteste noch existierende Rinderrasse Württembergs, die nach der südlich von Schwäbisch Hall gelegenen Grafschaft Limpurg benannt ist. Als widerstandsfähiges Dreinutzungsrind wurde es noch bis etwa 1950 auch zu Gespannsarbeiten eingesetzt. Im Hohenloheschen betrieb man v. a. im 19. Jh. verbreitet die äußerst profitable Mast mit Limpurger Ochsen.
Mit der Intensivierung der Landwirtschaft wurde das Limpurger aber Opfer einer massiven Verdrängungskreuzung. 1963 galt die Rasse als nahezu ausgestorben. Trotz der 1987 gegründeten Züchtergemeinschaft ist das Limpurger Rind noch heute extrem gefährdet. Das Fleisch wird wegen der zarten Textur, der buttrigsahnigen Geschmeidigkeit und des reinen Rindfleischaromas besonders geschätzt.

Rind- und Kalbfleisch

Wer gerne Fleisch isst, genießt es oft vom Rind. Aber Rindfleisch ist nicht gleich Rindfleisch. Denn die Zartheit und der Geschmack des Fleisches hängen hauptsächlich von Alter, Geschlecht und Haltung der Tiere ab. Ausschlaggebend für eine gute Fleischqualität ist auch die Fleischreifung (mehr dazu auf Seite 16).

Vom Kalb- zum Ochsenfleisch

Kalbfleisch
stammt von Rindern, die zum Zeitpunkt ihrer Schlachtung ein Gewicht um die 100 Kilogramm haben und 3 bis 6, maximal 8 Monate alt sind. Insbesondere das Fleisch von Milchkälbern ist heller als anderes Rindfleisch, im Idealfall rosafarben und enthält wegen des geringen Alters kaum Fett. Fleisch vom Kalb ist kulinarisch beliebt wegen seiner Zartheit und seines milden, feinen Geschmacks.

Färsenfleisch
stammt von weiblichen Tieren, die noch nicht gekalbt haben und zwischen 15 und 36 Monate alt sind. Das dunkelrote Fleisch ist feinfaserig, zart und aufgrund seiner Marmorierung besonders saftig und aromatisch.

Ochsenfleisch
gilt ebenfalls als bestes Rindfleisch, weil feinfaserig, zart und besonders aromatisch. Es stammt von männlichen kastrierten Tieren im Alter von 20 bis 30 Monaten. Ochsenfleisch gilt als eine besondere Delikatesse, vor allem, wenn es vom Weideochsen kommt.

Aufbewahrung

Frisches Rind- und Kalbfleisch möglichst zeitnah verarbeiten oder zur längeren Aufbewahrung einfrieren. Magere Stücke für maximal 10 bis 12 Monate, fettreichere für maximal 8 Monate. Für 2 bis 3 Tage kann Frischfleisch auch im Kühlschrank aufbewahrt werden. Dazu das Fleisch auspacken und in einer Schüssel auf eine umgedrehte Untertasse legen, damit es nicht im eigenen Saft liegt. Mit Folie abdecken und auf der Glasplatte über dem Gemüsefach, dem kältesten Bereich des Kühlschranks, aufbewahren. Zerkleinertes Rindfleisch wie Geschnetzeltes innerhalb von 24 Stunden zubereiten. Gereiftes Fleisch (s. S. 16) in keinem Fall zu Hause noch einmal vakuumieren.

Die kulinarisch wichtigsten Teilstücke vom Kalb …

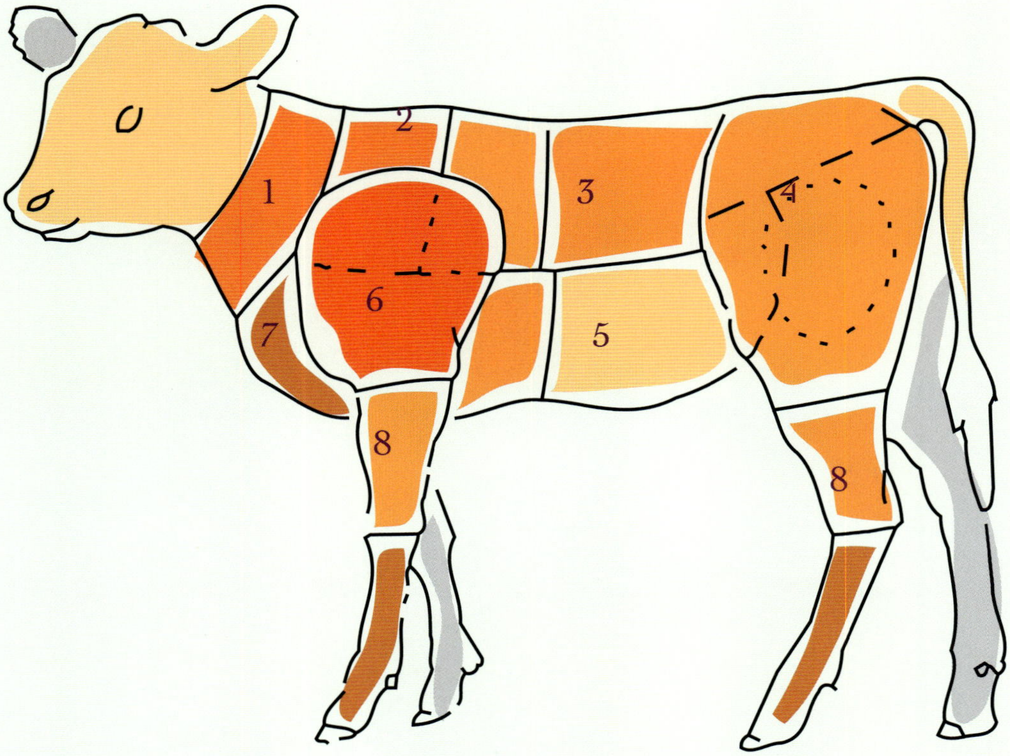

… und ihre Verwendung

1 Hals/Nacken

2 Rücken

3 Filet

4 Keule

5 Dünnung/Bauch

6 Schulter/Bug

7 Brust/Brustspitze

8 Vorder- und Hinterhaxen

Der feine Geschmack des Kalbfleisches kommt besonders beim Kurzbraten, Braten und Schmoren zur Geltung. Zum Sieden ist das teure Fleisch zu schade – mit Ausnahme vom berühmten Kalbstafelspitz aus dem Sud.

1 Das von feinen Fettadern durchzogene Nacken- oder Halsstück eignet sich bestens für saftige Schmorbraten sowie für aromatische Ragouts und Gulasch. Aus diesem Fleisch werden auch Koteletts zum Kurzbraten geschnitten.

2 Der Rücken liefert das Kotelettstück (Karree oder Karbonade) und die Lende, wie der ausgelöste Rücken bezeichnet wird. In Stücke geschnitten werden aus dem Rücken Stielkoteletts, Schnitzel und Steaks zum Kurzbraten. Das Kotelettstück im Ganzen mit Knochen ergibt einen feinen Braten. Die Lende ist fast so zart wie das Filet, fein für ganze Braten oder Steaks.

3 Das Filet ist das zarteste Stück vom Kalb und eines der teuersten Fleischstücke überhaupt. Es eignet sich zum Pochieren oder Bra-

ten am Stück ebenso so gut wie für kurz gebratene Medaillons oder für Geschnetzeltes.

4 Die Kalbskeule besteht aus vier Teilen: Ober- und Unterschale, Hüfte und Nuss. Alle eignen sich perfekt für Kalbsschnitzel und saftige Braten. Die Oberschale (Frikandeau) ist zart, mager und wird mit Vorliebe außerdem für Rouladen und das original Wiener Schnitzel verwendet. Das etwas grobfaserige Fleisch der Unterschale eignet sich ebenfalls für Rouladen sowie für Schmorbraten. Aus dem Hüftfleisch mit seinen feinen Fasern werden gerne Steaks und Geschnetzeltes zubereitet. Das Fleisch der Kalbsnuss (Kugel) bietet sich für einen kleinen Braten an oder für Gulasch und Geschnetzeltes.

5 Die Dünnung, auch Bauch, Bauchlappen oder Flanke genannt, ist ein flaches, mit Fett durchwachsenes Fleisch. Es eignet sich für Fonds, Brühen, Eintöpfe und Gulasch, auch für preiswerten Rollbraten.

6 Die Kalbsschulter, auch als Bug bekannt, eignet sich vor allem gut zum Sieden und Schmoren. Aus der vorderen Schulter (flacher Bug) wie aus der hinteren Schulter (dicker Bug) lassen sich unter anderem Braten, Gulasch, Ragouts und Geschnetzeltes zubereiten.

7 Die Kalbsbrust besteht aus einem flachen, fast rechteckigen Teil und der Brustspitze. Die Brust hat ein durchwachsenes und aromatisches Fleisch, sie benötigt eine lange Garzeit und eignet sich zum Braten oder Schmoren. Ein Klassiker ist die gefüllte Kalbsbrust. Aber auch für helles Ragout und Frikassee ist dieses Fleisch eine gute Wahl. Die Brustspitze ist relativ preiswert und macht sich gut in Eintöpfen und Schmorgerichten.

8 Vorder- wie Hinterhaxen können gut im Ganzen gekocht, gebraten oder gegrillt werden. Fein schmecken auch in Sauce geschmorte Haxenscheiben. Die hinteren Haxen sind fleischiger als die vorderen. Kalbshaxenfleisch ist sehr aromatisch und kernig im Biss.

Beliebt sind auch einige Innereien vom Kalb. Die Leber wird kurzgebraten, das Herz und die Nieren schmecken gebraten oder geschmort. Die Zunge wird oft gepökelt angeboten und dann gekocht.

Die kulinarisch wichtigsten Teilstücke vom Rind …

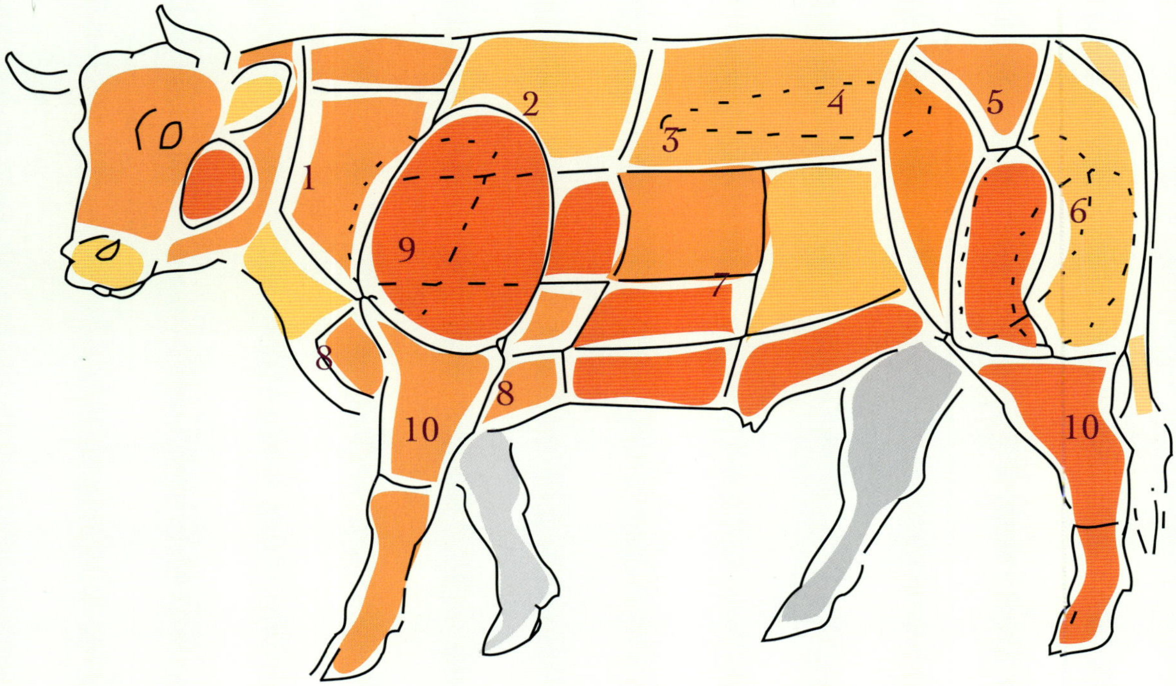

1	Nacken/Hals
2	Hohe Rippe
3	Roastbeef
4	Filet
5	Hüfte mit Tafelspitz
6	Ober-, Unterschale und Nuss
7	Dünnung
8	Brustkern und Brustspitze
9	Schulter/Bug
10	Vorder- und Hinterhesse

… und ihre Verwendung

Gerade zum kurzen Braten und langen Schmoren sollte Rindfleisch fein marmoriert sein. Das Muskelfleisch ist dann von dünnen weißen Fettäderchen durchzogen. Dieses Fett schmilzt teilweise bei der Zubereitung, dadurch bleibt das Fleisch saftig, es wird zart und aromatisch.

1 Nackenfleisch nennt man auch Hals oder Kamm. Das durchwachsene Fleisch braucht eine lange Garzeit. Am Stück gut zum Sieden und Schmoren und gewürfelt für Eintöpfe und Gulasch geeignet.

2 Typisch für die Hohe Rippe sind der magere Fleischkern sowie die Marmorierung drumherum. Dadurch bleibt das Fleisch beim Braten, Grillen oder Sieden saftig und aromatisch.

3 Das Roastbeef, auch Nierenstück genannt, ist neben dem Filet das begehrteste Fleisch vom Rind. Es eignet sich bestens zum Braten im Ganzen oder zum Kurzbraten quer in Scheiben geschnitten, beispielsweise in verschiedene Steaks (T-Bone-, Rump- und Porterhouse-Steak, siehe hierzu auch Seite 108).

4 Das magere Rinderfilet ist das zarteste und teuerste Teilstück. Man nennt es auch Lende oder Lummer. Filet wird im Stück oder als Steaks geschnitten angeboten. Das Fleisch eignet sich ausgezeichnet zum Kurzbraten, zum Braten im Ganzen aber auch zum Pochieren.

5 Die Hüfte, auch Blume genannt, ist ein Teil der Keule und hat sehr zartes und fein marmoriertes Fleisch. Es ist zum Braten und Schmoren geeignet, auch als Steak zum Kurzbraten.
Der Hüftdeckel heißt auch Tafelspitz, Rosenspitz oder Tafelstück. Dieses zarte Fleisch lässt sich ausgezeichnet im Ganzen in Brühe sieden oder im Ofen schmoren.

6 Ober-, Unterschale und die Nuss sind ebenso Teile der Rinderkeule. Das zarte Fleisch der Oberschale (Kluft) eignet sich bestens für große Braten, Rouladen, Fondue, Beefsteaks und Tartar. Das eher grobfaserige Fleisch der Unterschale (Frikandeau) ist ideal zum Schmoren und Sieden. Die magere und zarte Nuss (Blume, Kugel) lässt sich gut als kleiner Braten oder geschmort als Gulasch und Rouladen zubereiten.

7 Das relativ fette Fleisch der Dünnung, auch Bauchlappen genannt, gibt es mit und ohne Knochen. Geeignet für Fonds, Brühen und Eintöpfe. Meist aber wird dieses Fleisch zur Wurstherstellung verwendet.

8 Der Brustkern und die Brustspitze liefern ein durchwachsenes Fleisch, das sich ausgezeichnet zur Zubereitung von kräftigen Suppen und Eintöpfen eignet. Der Brustkern ist stärker durchwachsen, er wird frisch oder gepökelt angeboten.

9 Aus der Schulter lassen sich gute Bratenstücke schneiden, z. B. Dicker Bug, Schaufelstück sowie das sogenannte falsche Filet (Schulterspitz). Alle diese Teilstücke lassen sich gut braten und schmoren. Der Dicke Bug bietet sich für Schmor- und Sauerbraten an, aber auch für Rouladen und Geschnetzeltes. Sauerbraten kann man auch aus dem Schaufelstück zubereiten. Das falsche Filet eignet sich gut für Schmorbraten, Ragouts und Eintöpfe.

10 Das aromatische Beinfleisch von Vorder- und Hinterhesse ergibt ein gutes Suppenfleisch, macht Fleischbrühen und Saucen schön kräftig. Aus der Hinterhesse, auch Wadschenkel oder Ochsenbein genannt, lässt sich durch langes Schmoren ein würziges Gulasch zubereiten.

Rindsroulade und Barbecue

Saftige Steaks, raffinierte Alltagsküche und regionale Klassiker von Kalb und Rind

Zitronen-Schnitzelchen

HAUPTGERICHT
FÜR 4 PORTIONEN

2 Bio-Zitronen
1–2 Knoblauchzehen (nach Belieben)
4 dünne Kalbsschnitzel à ca. 150 g (aus Rücken oder Nuss)
Salz, Pfeffer aus der Mühle
3 EL Mehl
2 EL Öl
1 EL Butter
1 Zweig Rosmarin
100 ml trockener Weißwein
100 ml Kalbsfond
2 gute Prisen Zucker

■ Zitronen heiß waschen, trocken reiben und halbieren. Von den Hälften 4 dünne Scheiben abschneiden und 5–6 EL Saft auspressen. Knoblauch abziehen, ganz lassen. Den Backofen auf 60 °C vorheizen. Die Kalbsschnitzel mit dem Handballen noch flacher drücken und jeweils dritteln. Salzen, pfeffern und in Mehl wenden, überschüssiges Mehl abschütteln.

■ Öl und Butter in einer großen Pfanne erhitzen. Rosmarin und Knoblauch zufügen, kurz anbraten. Schnitzel portionsweise in der Pfanne pro Seite 1 Minute braten. Alles aus der Pfanne heben und warm stellen. Den Bratensatz mit Wein und Fond loskochen. 4 EL Zitronensaft und den Zucker zufügen. Die Flüssigkeit bei starker Hitze etwas einkochen lassen. Die Zitronensauce mit Salz, Pfeffer und übrigem Zitronensaft abschmecken.

■ Schnitzelchen auf vorgewärmte Teller verteilen und die Sauce darüber löffeln. Dazu schmeckt eine Wildreismischung, vermengt mit gebratenen Zucchinischeiben.

Kalbsfilet mit Tomaten-Vanille-Butter

Hauptgericht
Für 4 Portionen

700 g Kalbsfilet (ca. 7 cm dick)
2 EL Oliven- oder Rapsöl
Salz, Pfeffer aus der Mühle
400 g Kirschtomaten
1 Vanilleschote
1 Knoblauchzehe
100 ml Kalbsfond oder Gemüsebrühe
3 EL Butter
Schnittlauchhalme zum Garnieren

Tipp
So können Sie auch Rinderfilet zubereiten. Das Fleisch 10 Minuten anbraten, anschließend im Backofen garen. Die Kerntemperatur sollte 55 bis 60 °C erreichen.

■ Für das Fleisch den Backofen auf 80 °C vorheizen. Gleichzeitig eine Platte mit erwärmen.

■ Öl in einer großen Pfanne erhitzen. Das Filet darin bei mittlerer Temperatur in 5 Minuten rundherum anbraten. Salzen und pfeffern. Das Fleisch sofort auf die vorgewärmte Platte legen. Im Ofen in 1 ½–2 Stunden fertig garen. Mit einem Fleischthermometer die Kerntemperatur messen, sie sollte 60 bis 65 °C betragen.

■ Die Tomaten waschen und trocken tupfen. Mit einer Nadel mehrmals einstechen. Den Knoblauch abziehen, halbieren. Die Vanilleschote längs aufschlitzen. Butter in einer großen Pfanne aufschäumen lassen. Vanille und Knoblauch darin kurz andünsten. Tomaten zugeben, 2 Minuten mitdünsten. Fond oder Brühe zugießen, einmal aufkochen lassen. Mit Salz und Pfeffer abschmecken. Knoblauch- und Vanillehälften entfernen.

■ Kalbsfilet in dünne Scheiben schneiden. Mit der Tomaten-Vanille-Butter anrichten und mit Schnittlauch garnieren. Dazu schmecken Bandnudeln oder Kartoffelgratin.

Eine alte Tradition – das Boeuf de Hohenlohe

Von Rudolf Bühler

WISSENSWERT

Die Boeuf-de-Hohenlohe-Kälber wachsen in zwei Weide- und Winterperioden zu prächtigen Färsen und Mastochsen heran, ganz im Einklang mit der Natur. Im Erzeugerschlachthof von Schwäbisch Hall werden sie dann tierschutzgerecht geschlachtet. Das Fleisch lässt man anschließend in Reifekammern am Knochen zu originalen Boeuf-de-Hohenlohe-Spezialitäten heranreifen. Die Metzgermeister prüfen während der mehrwöchigen Reifung stets den Reifeverlauf des Fleisches mittels pH-Wert und Mikrobiologie, um Fehlreifungen zu vermeiden. Fehlreifungen gehen häufig zurück auf Schnellmast, lange Transportzeiten des Viehs und unsachgemäße Behandlung der Tiere vor dem Schlachten in Großschlachtereien. Dies ist beim Boeuf de Hohenlohe jedoch ausgeschlossen.

Als Mitte des 18. Jahrhunderts das Zeitalter der Aufklärung mit Rousseau, Kant und Hegel zunehmend an Einfluss gewann, widmeten sich die Gelehrten auch den Erkenntnissen von Natur und Bauernstand. Vor allem die protestantischen Pfarrer auf dem Lande, die neben ihrem Pfarrhaus stets einen Pfarrgarten bewirtschafteten, vernetzten sich zu einem Wissensaustausch für die „Hebung der Landeskultur und der Bauernwirtschaften". So führte der Bauernpfarrer Meyer aus Kupferzell im Hohenlohischen die verbesserte Dreifelderwirtschaft in der Region ein: Aus der mittelalterlich überlieferten „Winterung – Sommerung – Brache" wurde „Winterung – Sommerung – Kleeanbau". Er förderte damit die Begrünung der brachliegenden Felder mit Leguminosen. So wurde der Boden mit Nährstoffen angereichert und zugleich stand im Vergleich zur vorigen Brache ein Drittel mehr Futter fürs Vieh zur Verfügung.
Diese Innovation veranlasste die Hohenloher Bauern, ihr „Schmalvieh" auszumästen zu prächtigen Ochsen und Färsen, hatten sie doch plötzlich Futter im Überfluss. Weidehaltung im Sommer und Klee- und Luzerneheu im Winter ergaben prächtiges Vieh, das über die Grenzen der Region Hohenlohe hinaus zu vermarkten war. Zu diesem Zweck wurde das feiste Vieh in Ochsentrieben in die umliegenden Städte nach Mannheim, Stuttgart und Straßburg auf die Schlachtmärkte getrieben.
Ab 1780 sind sogar wöchentliche Ochsentriebe mit 130 bis 200 Stück Vieh zu den Schlachtmärkten ins ferne Paris verbürgt. In der Blütezeit wurden jährlich bis zu 70 000 Ochsen nach Paris getrieben! Die Restaurants an der Seine priesen das „Boeuf de Hohenlohe" in höchsten Tönen. Bezahlt wurde mit dem Louisdor, der im Hohenlohischen gar als offizielles Zahlungsmittel neben dem Heller der Freien Reichsstadt Schwäbisch Hall Einzug hielt. Er beendete Armut und Hunger, brachte Wohlstand und Kultur in die Hohenloher Bauernhöfe – und ein neues Standesbewusstsein.

Der Neubeginn

Als sich Mitte der neunziger Jahre des letzten Jahrhunderts die Bäuerliche Erzeugergemeinschaft Schwäbisch Hall schon einen Namen gemacht hatte mit der Wiederbelebung des Schwäbisch-

Hällischen Landschweins, wurden unter den Hohenloher Bauern Stimmen laut, das historische Boeuf de Hohenlohe auch wieder neu aufleben zu lassen. Zeitgleich war die Landwirtschaft in den Hohenloher Flusstälern an Kocher, Jagst und Bühler zum Erliegen gekommen, weil sie nicht mehr profitabel genug war. Die Täler drohten zu verwaisen und zu verbuschen, neue Formen der Landschaftspflege wurden notwendig.
So begann man ab 1996, ehemaliges Ackerland und Talweiden zusammenzulegen und diese großflächig einzuzäunen, um sie mit den historischen heimischen Rinderrassen Limpurger Rind und Hohenloher Fleckvieh zu beweiden. Diese autochthonen Rassen eignen sich gut für die Mutterkuhhaltung in Herden im Gegensatz zu Milch-Hochleistungsrassen wie Holstein-Frisian. Die Kälber bleiben ab der Geburt bei der Mutterkuh und trinken die Kolostralmilch, die sie vor Krankheiten schützt. So wachsen sie in freier Natur im Herdenverbund heran, ausschließlich ernährt mit Muttermilch und frischem Gras sowie den Bergkräutern der Hohenloher Flusstäler. Im Winter kommen die Herden in Landschaftspflegeställe, wo sie auf dem goldenen Stroh des Sommers, eingebracht von den Hohenloher Feldern, frei laufen können und das getrocknete Futtergetreide als Körnerschrot fressen dürfen.
Nach der Schlachtung der Färsen und Ochsen im Erzeugerschlachthof von Schwäbisch Hall, lässt man das Fleisch in Reifekammern am Knochen zu Boeuf-de-Hohenlohe-Spezialitäten heranreifen. So entwickelt das Boeuf de Hohenlohe seinen berühmten und unvergleichlichen „Gout“ und die gerühmte Zartheit des Fleischs, auf die nicht zuletzt die großen Maîtres der Haute Cuisine besonderen Wert legen.

Wenn ein Koch Schwein hat …

von Vincent Klink

… sich womöglich richtig im Glück suhlt, dann steht er am Herd und hat ein Fleisch in der Pfanne, das er zwar für Gäste brät, aber eigentlich lieber selbst essen möchte. Er kann richtig zuschneiden, würzen, garen, aber er kann sein Gericht nicht besser machen, als die Natur es ihm geliefert hat. Es gibt in Deutschland einige Erzeuger, die für mein tägliches Küchenglück viel tun, Erzeuger, welche Tiere aufziehen, denen es womöglich besser geht als mir selbst.

Ich erinnere mich an eine typisch weibliche Regung, als meine Frau zum ersten Mal im Hohenlohischen die schwarz-weiß gefleckten Schwäbisch-Hällischen Schweinchen sah: „Jetzt, wo ich diese schönen Tiere gesehen habe und weiß, wie gut sie leben, kann ich sie nicht mehr essen!“, rief sie aus. Der Bauer behielt die Nerven und erklärte in festem Ton: „Bei mir ist es gerade umgekehrt: Wenn ich das Tier vorher nicht gesehen habe, dann kann ich nichts davon essen.“ Meine Frau war erst einmal sprachlos, hat aber an diesem Tage als Teilzeitvegetarierin einiges dazu gelernt. Seitdem isst sie gar kein Fleisch mehr, es sei denn, es kommt von den Betrieben, die in meiner Küche für Nachschub sorgen.

Artgerechte Haltung ist im Hohenlohischen bei den Schwarzgefleckten der Normalfall, und nicht vergessen möchte ich auch meine treuen Lieferanten aus Herrmannsdorf und auch nicht meinen ländlichen Metzger, dem mein Vater schon verbunden war. Wie kommt man an solche Leute und wie erkennt man überhaupt gutes Fleisch? Jedenfalls so viel sei verraten: Das Fleisch schaue ich mir erst auf den zweiten Blick an, auch muss ich nicht unbedingt das Tier beim Namen kennen.

Den Metzger nehme ich jedoch genau ins Visier. Man schaut ihm am besten in die Augen und wird schnell merken, ob der Mann seinen Beruf liebt. Hingabe im Beruf erkennt man deutlich, und darauf sollte man achten, wenn man sich Lebensmittel besorgt. Ich schreibe absichtlich nicht „einkaufen“, sondern „besorgen“ – ein Wort, das den Begriff „Sorge“ beinhaltet.

Filetspitzen vom Rind mit Ingwer

Hauptgericht
Für 2 Portionen

300 g Rinderfilet (z. B. vom Boeuf de Hohenlohe)
1 EL Cognac
3 EL Sojasauce
1 EL Pfeilwurzelmehl
1 Msp. Cayennepfeffer
3 Schalotten, fein gehackt
1 EL Ingwerpulver
1 Knoblauchzehe, gequetscht
1 EL fein gehackte Blattpetersilie
¼ l Fleischbrühe
2 EL Olivenöl
Salz und grober schwarzer Pfeffer

■ Das Fleisch in feine Blättchen schneiden und von allen Seiten bei großem Feuer und möglichst kurz anrösten. Es macht nichts, wenn einige Stückchen noch etwas roh durchschimmern. Pfeffern und salzen und auf eine Platte geben. Zur Seite stellen.

■ In der gleichen Pfanne die Schalotten in Butter so lange rösten bis sie goldbraun sind. Knoblauch dazu. Bevor alles zu dunkel wird, mit Brühe und Cognac ablöschen. Sojasauce, Ingwer und Cayennepfeffer dazu und alles um die Hälfte der Flüssigkeit reduzieren.

■ Der Fleischsaft, der aus dem geschnetzelten Rind austrat, wird dazu gegossen. Mit Rotwein das Pfeilwurzelmehl anrühren und damit die Sauce leicht binden. Nicht alles auf einmal einrühren, sondern nach und nach, bis die gewünschte Konsistenz erreicht ist. Vor dem Anrichten die Petersilie und das Fleisch in die Sauce geben und kurz aufkochen. Abschmecken mit Pfeffer und Salz.

■ Es ist wichtig, dass das Fleisch nicht völlig durchgekocht wird. Es bleibt zart und saftig, wenn es innen noch rosa ist.

Wiener Schnitzel

Hauptgericht
Für 4 Portionen

8 kleine Kalbsschnitzel à ca. 70 g (aus der Oberschale)
Salz, Pfeffer aus der Mühle
2 Eier
100 g Mehl
150 g Semmelbrösel
ca. 200 g Butterschmalz

Info
Nur echt mit Kalbfleisch! Vom Ursprung her ein Österreicher, hat dieser Klassiker längst deutsche Speisekarten erobert und zählt auch zu Hause bei vielen Genießern zu den Lieblingsgerichten.

■ Schnitzel zwischen zwei Lagen Frischhaltefolie mit dem Handballen oder dem Plattiereisen sanft klopfen, bis sie gleichmäßig dünn sind. Leicht mit Salz und Pfeffer würzen.

■ Eier in einem tiefen Teller verquirlen. Mehl in einen zweiten Teller geben und die Semmelbrösel in einen dritten. Schnitzel jeweils zuerst im Mehl wenden, dabei überschüssiges Mehl abschütteln. Fleischscheiben danach durch die verquirlten Eier ziehen, zum Schluss in den Bröseln wenden. Die Panade nicht andrücken! Schnitzel nebeneinander auf ein Brett legen.

■ Butterschmalz am besten gleich in zwei großen Pfannen erhitzen. Schnitzel darin bei mittlerer Hitze auf beiden Seite in etwa 2 Minuten goldgelb braten. Dabei die Pfannen öfter rütteln, damit das Fett über die Panade schwappt, denn dadurch wird sie schön luftig und wellig. Falls nötig noch Schmalz zufügen, damit die Schnitzel „schwimmen" können.

■ Fertige Schnitzel auf mehreren Lagen Küchenpapier entfetten, dann sofort servieren. Klassisch dazu gibt es Zitronenspalten zum Beträufeln der Schnitzel sowie Kartoffelsalat und gemischten Blattsalat.

Kartoffelsalat

Beilage
Für 4 Portionen

1 kg festkochende Kartoffeln (möglichst gleich groß)
1 Zwiebel oder 4 Frühlingszwiebeln
250–300 ml Fleischbrühe oder kräftige Gemüsebrühe
2–3 EL Weißweinessig
Salz, Pfeffer aus der Mühle
4–5 EL Öl (z. B. Sonnenblumenöl)
2 EL Schnittlauchröllchen (nach Belieben)

■ Kartoffeln waschen und samt Schale je nach Größe in 20–30 Minuten gar, aber nicht zu weich kochen. Das Kochwasser abgießen. Kartoffeln leicht abkühlen lassen, pellen und in dünne Scheiben schneiden. In eine Schüssel geben.

■ Noch während die Kartoffeln kochen, die Zwiebel abziehen und sehr klein würfeln oder die Frühlingszwiebeln waschen, putzen und in Ringe schneiden. 250 ml Brühe zum Kochen bringen und die Zwiebel darin einmal aufkochen lassen. 2 EL Essig einrühren.

■ Kartoffeln salzen, pfeffern und mit der heißen Brühe übergießen. 4 EL Öl zufügen. Den Salat behutsam mischen und etwa 30 Minuten ziehen lassen (aber nicht in den Kühlschrank stellen). Vor dem Servieren den Kartoffelsalat mit übrigem Essig, restlichem Öl, Salz, Pfeffer und eventuell noch etwas Brühe abschmecken. Den Schnittlauch unterheben.

Kalbsrahmgulasch

HAUPTGERICHT
FÜR 4 PORTIONEN

2 Schalotten
2 EL Butterschmalz
800 g Kalbsgulasch aus der Schulter
Salz, Pfeffer aus der Mühle
3 EL Mehl
1 TL edelsüßes Paprikapulver
1 TL mittelscharfer Senf
1 Lorbeerblatt
100 ml trockener Weißwein
300 ml Kalbsfond oder Fleischbrühe
400 g Pilze (z. B. Egerlinge, Pfifferlinge)
1 EL Butter
150 g Sahne
50 g Crème fraîche
½ TL fein abgeriebene Bio-Zitronenschale
2 EL grob gehackte Kräuter

■ Schalotten abziehen und fein würfeln. Butterschmalz in einem breiten Schmortopf erhitzen, die Fleischwürfel darin portionsweise rundherum kräftig anbraten. Schalotten hinzufügen und glasig werden lassen. Fleisch salzen, pfeffern und mit dem Mehl bestäuben, kurz anschwitzen.

■ Schmortopf vom Herd ziehen, Paprikapulver und Senf unterrühren. Lorbeerblatt hinzufügen. Wein zugießen und völlig einkochen lassen. Fond oder Brühe zugeben. Alles aufkochen und zugedeckt bei schwacher Hitze zunächst 30 Minuten sanft schmoren lassen.

■ Die Pilze putzen, in nicht zu dünne Scheiben schneiden. Butter in einer Pfanne erhitzen, darin die Pilze goldbraun braten. Salzen, pfeffern und warm stellen.

■ Sahne, Crème fraîche und Zitronenschale unter das Gulasch rühren, noch 10–15 Minuten ohne Deckel leicht köcheln lassen, bis das Fleisch butterweich und die Sauce sämig ist. Zum Schluss die Pilze und die Kräuter locker unterheben. Gulasch abschmecken. Dazu passen kleine Semmelknödel, Bandnudeln oder Salzkartoffeln.

Kalbsleber mit pikantem Bratapfel

HAUPTGERICHT
FÜR 2 PORTIONEN

2 Zwiebeln (ca. 120 g)
2 Zweige Majoran
2 säuerliche Äpfel (à ca. 200 g)
1 TL Zitronensaft
2 TL weiche Butter
1 EL getrocknete Cranberrys
Pfeffer aus der Mühle
2 Scheiben Kalbsleber à 150 g
Mehl zum Wenden
1 EL Öl
Salz
2 EL gereifter Aceto balsamico (Balsamessig)
2 EL Gemüsebrühe

Außerdem
Apfelausstecher

■ Für die Bratäpfel den Backofen auf 180 °C vorheizen. Die Zwiebeln abziehen und fein würfeln. Den Majoran waschen, trocken schütteln und von 1 Zweig die Blättchen abstreifen. Die Äpfel waschen und trocken reiben. Jeweils an der Stielseite einen Deckel abschneiden. Mit einem Apfelausstecher das Kerngehäuse entfernen, dabei die Äpfel nicht ganz durchstechen. Die Öffnung jeweils etwas vergrößern und mit Zitronensaft bepinseln. Herausgelöstes Fruchtfleisch klein hacken.

■ In einer Pfanne 1 TL Butter bei mittlerer Hitze zerlassen. Zwiebel und Majoranblätter darin dünsten, bis die Zwiebeln glasig sind. Das gehackte Apfelfruchtfleisch und die Cranberrys untermischen, kurz mitdünsten. Die Füllung mit Pfeffer würzen und in die Äpfel füllen. Die Apfel-Deckel darauf setzen. Den Boden einer kleinen ofenfesten Form mit Alufolie auslegen. Die Äpfel in die Form setzen, mit der restlichen Butter rundum bepinseln. Im Ofen (Mitte) 30 Minuten backen.

■ Etwa 10 Minuten vor Ende der Garzeit der Äpfel die Kalbsleberscheiben kurz kalt waschen, trocken tupfen und halbieren. Scheiben einzeln in Mehl wenden, das überschüssig Mehl abschütteln.

■ Öl in einer beschichteten Pfanne erhitzen, die Leber darin bei mittlerer Hitze von jeder Seite 2-3 Minuten braten. Salzen und pfeffern. Essig und Brühe zugießen und einmal kräftig aufkochen lassen. Zum Servieren jeweils die Bratäpfel und die Leber samt Sauce auf vorgewärmten Tellern anrichten. Mit dem übrigen Majoran garnieren. Dazu schmeckt kräftiges Bauernbrot oder dunkles Baguette.

Info
Dieses Rezept ist eine moderne Variante des Klassikers Kalbsleber Berliner Art, die mit gebratenen Apfelscheiben und Zwiebelringen serviert wird.

Spanisch Fricco mit Wirsing

HAUPTGERICHT
FÜR 6–8 PORTIONEN

1 kg Rindfleisch (z. B. Hohe Rippe, Hüfte, Schulter)
1,2 kg mehlig kochende Kartoffeln
400 g Zwiebeln
1 Kopf Wirsing (800–900 g)
1 1/2 TL Salz
2 TL schwarze Pfefferkörner
3 Pimentkörner
2 Gewürznelken
2 TL gerebelter Majoran
frisch geriebene Muskatnuss
2 EL Butter
400 g Sahne
200 g Crème fraîche
100–200 ml Milch

■ Das Rindfleisch in etwa 2 cm große Würfel schneiden. Kartoffeln und Zwiebeln schälen, in dünne Scheiben, bzw. Ringe hobeln oder schneiden. Wirsing vierteln, äußere Blätter und den Strunk entfernen. Die Kohlviertel waschen, trocken schütteln und quer in etwa 3 cm breite Streifen schneiden.

■ In einem Mörser oder Universal-Zerkleinerer Salz, Pfefferkörner, Pimentkörner, Gewürznelken, Majoran und 1 Prise Muskatnuss zu einer feinen Gewürzmischung zerreiben.

■ Den Backofen auf 160–180 °C vorheizen. Einen Schmortopf mit der Butter großzügig ausfetten. Abwechselnd und lagenweise Kartoffeln, Zwiebeln, Fleisch und Wirsing einschichten, dabei jede Schicht mit etwas von der Gewürzmischung bestreuen. Die oberste sollte eine Kartoffelschicht sein.

■ Sahne und Crème fraîche verrühren. Über die Zutaten in den Topf gießen. Den Topf rütteln, damit sich die Flüssigkeit gleichmäßig verteilt. Eventuell noch etwas Milch nachgießen, bis die oberste Kartoffelschicht knapp mit Flüssigkeit bedeckt ist. Den Schmortopf mit dem Deckel fest verschließen. Den Eintopf im Ofen 3 Stunden garen.

Info
Der Rezepttitel kann einen leicht auf die falsche Fährte führen, aber die Heimat dieses Eintopfs liegt in Westfalen. Die Urform von Spanisch Fricco wurde schon im Praktischen Kochbuch von Henriette Davidis beschrieben, das erstmals 1845 erschien. Das Gericht ist heute noch beliebt, was an den aktuellen Variationen erkennbar ist.

Rib-Eye-Steak mit Rub

Hauptgericht
Für 4 Portionen

1 TL Zucker
1 TL edelsüßes Paprikapulver
1 TL Knoblauchsalz
1/2 TL schwarzer Pfeffer aus der Mühle
1/4 TL Chilipulver
1/4 TL gemahlener Koriander

4 Rib-Eye-Steaks (Entrecôte) à 250–300 g (z. B. Dry Aged)
4 TL mittelscharfen Senf
4 TL Öl

■ Alle Zutaten für den Rub zu einer Mischung verrühren. Die Steaks in 30–45 Minuten Zimmertemperatur annehmen lassen.

■ Den Backofen auf 90 °C vorheizen. Steaks trocken tupfen. Zuerst beidseitig mit Gewürzmischung einreiben, dann mit Senf bestreichen. Übrigen Rub für den Vorrat in ein Schraubglas füllen. Das Fleisch ohne anzubraten nebeneinander auf ein mit Backpapier ausgelegtes Backblech legen und für 30 Minuten in den Ofen (Mitte) schieben.

■ Eine große Pfanne heiß werden lassen. Das Öl darin erhitzen. Die Steaks darin von jeder Seite etwa 5 Minuten medium braten, bis sie außen goldbraun sind. Dazu schmecken Rotwein-Schalotten (Rezept siehe uten).

Info
„Dry Aging" ist der aktuelle Edel-Trend bei Steaks aus den hochwertigen Rückenstücken. Es ist ein aufwendiges Verfahren, bei dem das Fleisch trocken am Knochen reift. Das Ergebnis begeistert Feinschmecker: ein zartes, saftiges Fleisch mit intensivem Geschmack.

Info
Rub ist eine Gewürzmischung aus trockenen Zutaten, mit denen das Fleisch eingerieben wird. Die Mischung lässt sich auf Vorrat zubereiten und in einem Schraubglas aufbewahren. Auf einfache Weise kann so jeder nach seinem Geschmack eine Würze fürs Grillen und Braten zusammenstellen.

Rotwein-Schalotten

250 g Schalotten
2 EL Öl
1 EL brauner Zucker
150 ml kräftiger Rotwein
2 EL Aceto basamico (Balsamessig)
1 TL abgeriebene Bio-Orangenschale
1 EL Preiselbeerkompott
Salz, Pfeffer aus der Mühle

■ Die Schalotten abziehen und längs vierteln. Öl erhitzen, die Schalotten darin goldgelb andünsten. Mit Zucker bestreuen und karamellisieren. Mit Wein und Aceto balsamico ablöschen. Orangenschale zufügen. Alles bei kleiner Hitze unter gelegentlichem Rühren köcheln lassen, bis die Schalotten bissfest sind. Preiselbeerkompott unterrühren. Die Schalotten mit Salz und Pfeffer abschmecken. Lauwarm oder kalt servieren.

Rumpsteak auf fruchtigem Sommersalat

HAUPTGERICHT
FÜR 4 PORTIONEN

2 Rumpsteaks (Lendensteaks) à 250 g, 2,5 cm dick
3 EL Olivenöl
2 Frühlingszwiebeln
100 g Kirschtomaten
200 g frisches Fruchtfleisch von Pfirsich, Nektarine oder Papaya
1 EL kleine Petersilienblätter
5 EL Tomatensaft
1–2 EL Zitronensaft
1 TL Ahornsirup (alternativ flüssiger Honig)
Salz, Pfeffer aus der Mühle
einige Tropfen Tabasco (nach Belieben)
50 g beliebiger Blattsalat
1 EL Butterschmalz

■ Rumpsteaks trocken tupfen und den Fettrand im Abstand von 2 cm einschneiden. Steaks rundum mit 1 EL Öl einreiben und zimmerwarm werden lassen.

■ Währenddessen die Frühlingszwiebeln waschen, putzen und quer dritteln. Die Stücke längs in dünne Streifen schneiden. Tomaten waschen, trocken tupfen und halbieren. Das Obst in mundgerechte Stücke schneiden. Alles mit der Petersilie in eine Schüssel füllen.

■ Backofen auf 160 °C vorheizen. Für das Dressing den Tomatensaft mit 1 EL Zitronensaft, Ahornsirup und restlichem Öl verrühren. Salzen und je nach Geschmack mit Pfeffer aus Mühle milder abschmecken oder eventuell mit Tabasco schärfer würzen. Blattsalat waschen, putzen und in mundgerechte Stücke zupfen.

■ Butterschmalz in einer Pfanne erhitzen. Die Rumpsteaks darin von jeder Seite 1–2 Minuten anbraten. Mit Salz und Pfeffer würzen. Pfanne in den Ofen stellen und die Steaks in 7 Minuten fertig garen. In Alufolie einschlagen und 4–5 Minuten ruhen lassen.

■ Inzwischen den Blattsalat unter die anderen Salatzutaten heben. Mit dem Dressing vermischen und mit übrigem Zitronensaft und Salz abschmecken. Auf Tellern anrichten. Von den Steaks nach Belieben den Fettrand entfernen, das Fleisch quer zur Faser in dünne Scheiben schneiden, auf dem Salat verteilen und sofort genießen.

Tipp
Wer das Rumpsteak lieber am Stück und pur essen möchte, lässt die Salatzutaten weg. Dann pro Person ein Rumpsteak braten und nach Belieben mit einer Sauce servieren (z. B. Sauerkirschsauce S. 51).

Gegrilltes T-Bone-Steak

Hauptgericht
Für 4 Portionen

2 Bio-Zitronen
2 Knoblauchzehen
1 EL schwarze Pfefferkörner
2 Msp. Cayennepfeffer
2 EL Weinessig
5 EL Olivenöl
5 EL Orangensaft
2 Lorbeerblätter
1 Zweig Rosmarin
2 T-Bone-Steaks, je 500–600 g, 4 cm dick
Salz (am besten grobes Salz)

■ Für die Marinade die Zitronen heiß waschen, abtrocknen und die Schale fein abreiben. Zitronen auspressen. Knoblauch abziehen und in dünne Scheiben schneiden. Pfefferkörner in einem Mörser grob zerstoßen, dann mit Cayennepfeffer, Essig, Öl, Zitronensaft und Orangensaft mischen. Lorbeer und Rosmarin grob zerkleinern und zur Marinade geben. In ein flaches Gefäß füllen,

■ Steaks trocken tupfen, nebeneinander in die Marinade legen und darin mindestens 2 Stunden (oder länger) im Kühlschrank ziehen lassen. Währenddessen das Fleisch mehrmals wenden. 30–45 Minuten vor der Zubereitung aus dem Kühlschrank nehmen.

■ Den Grill anheizen. Steaks aus der Marinade heben, etwas abtropfen lassen. Auf den Grillrost legen und bei starker Hitze pro Seite je nach gewünschtem Gargrad 4 bis maximal 6 Minuten grillen.

■ T-Bone-Steaks vom Grill nehmen und salzen. In Alufolie einschlagen und noch 3–5 Minuten ruhen lassen. Dann das Fleisch in breiten Streifen vom Knochen schneiden und sofort servieren. Dazu schmecken gemischter Blattsalat und knuspriges Weißbrot.

Glanrinder unter Obstbäumen

Die Bannmühle in Odernheim

Früher musste hier Getreide gemahlen werden. Früher gab es nämlich noch den sog. Mühlenbann, der besagte, dass der Grundherr das alleinige Recht hatte, eine Mühle zu betreiben. Das lukrative Mühlenmonopol ist längst Geschichte. Auch die mittelalterliche Mühle steht nicht mehr. Die heutige Mühle, ein mächtiges Sandsteingebäude, das mit fast 30 Metern Höhe das Dorf Odernheim in der hügeligen Bilderbuchlandschaft am Glan überragt, stammt aus dem Jahr 1890. Nach einem Brand musste sie 1910 wieder aufgebaut werden.

Bis in die 1950er-Jahre wurde hier gemahlen. Dann gaben die Betreiber die Müllerei auf – und es folgten weniger gute Jahre in der Mühlengeschichte. Bis 1992 der Agraringenieur Hans Pfeffer, Sohn einer Winzerfamilie, die Mühle kaufte und hier einen Bauernhof etablierte. Dass der Betrieb nach ökologischen Richtlinien geführt werden sollte, war von Anfang an klar – und kam nicht von ungefähr, schließlich gehörten seine Eltern in Rheinhessen seinerzeit zu den Mitbegründern der Ecovin-Bewegung.

Der Bioland-Hof der Bannmühle ist in der Region berühmt für seinen Obstanbau und die Säfte aus der hofeigenen Kelterei (vor allem Apfelsaft). Das zweite Standbein jedoch besteht in der Erhaltungszucht von Glanrindern zur Erzeugung von hochwertigem Fleisch. Pfeffer entschied sich ganz bewusst für diese vom Aussterben bedrohte, in Rheinland-Pfalz beheimatete Rasse. Die leichten Glanrinder eignen sich hervorragend für die Beweidung vor allem der Flächen mit Steillage. Aber auch auf den Streuobstwiesen fühlen sie sich sichtlich wohl. Fleisch und Wurstwaren werden vor allem im hofeigenen Laden angeboten.

In Rotweinsud pochiertes Rinderfilet

Hauptgericht
Für 4 Portionen

1 Bund Suppengemüse (ca. 250 g)
1 Petersilienwurzel
5 Schalotten
400 ml Rinderfond
750 ml trockener Rotwein (z. B. Spätburgunder, Cabernet Sauvignon aus Rheinland-Pfalz)
2 Zweige Thymian
1 TL schwarze Pfefferkörner (zerdrückt)
1 Lorbeerblatt
600 g Rinder- oder Ochsenfilet aus der Mitte (vom Glanrind)
1 EL Zucker
2 TL Speisestärke
50 g kalte Butter (gewürfelt)
Salz, Pfeffer aus der Mühle
etwas grobes Salz zum Bestreuen

■ Suppengrün und Petersilienwurzel putzen, waschen oder schälen und klein schneiden. 3 Schalotten abziehen, längs halbieren. Die vorbereiteten Zutaten mit Fond, Wein, Thymian und den Gewürzen in einen Topf geben. Alles aufkochen und zugedeckt 30–40 Minuten sanft köcheln lassen.

■ Vom Filet Haut und Sehnen entfernen. Rotweinsud durch ein feines Sieb in einen zweiten Topf gießen, fast zum Kochen bringen. Das Filet in den Sud legen und darin zugedeckt bei milder Hitze knapp unter dem Siedepunkt in 25–30 Minuten garen. Währenddessen das Fleisch gelegentlich wenden und darauf achten, dass der Sud nicht zu kochen beginnt.

■ Inzwischen die restlichen Schalotten abziehen und sehr klein würfeln. Den Backofen auf 80 °C vorheizen. Das Filet aus dem Sud heben, in Alufolie wickeln und im Ofen 10 Minuten ruhen lassen. Vom Pochiersud 300 ml abmessen und durch ein feines Sieb gießen.

■ Für die Sauce den Zucker in einem kleinen Topf schmelzen und leicht karamellisieren lassen. Schalotten zufügen und unter Rühren kurz andünsten. Abgemessenen Sud zugießen, aufkochen und etwa 5 Minuten einkochen lassen. Dann fein pürieren. Stärke mit wenig Wasser glatt rühren und die Sauce damit binden. Butter unterschlagen. Die Sauce mit Salz und Pfeffer abschmecken.

■ Das Filet aus der Folie nehmen, in Scheiben schneiden. Mit grobem Salz und Pfeffer würzen. Sofort mit der Sauce anrichten und servieren. Dazu schmecken Kartoffelrösti und knackig gedünstetes Gemüse.

Info
Dieses Gericht wird in der Bannmühle gerne zu Festtagen gekocht – natürlich nur mit Rotwein aus Rheinland-Pfalz und Fleisch vom Glanrind.

Steaks – die besten Stücke vom Rind

Die hochwertigsten Steaks stammen aus dem Rücken, also vom Roastbeef und vom Filet. Alle eignen sich bestens zum Kurzbraten wie zum Grillen. Damit das Fleisch zart und saftig wird, darf es nicht zu dünn sein. Lieber ein dickes und schweres Steak kaufen und es zu zweit essen. Wie die beliebtesten Steaks aussehen und aus welchem Teil sie geschnitten sind, zeigt diese Übersicht.

Filetsteak (oben links)

Es ist das zarteste, magerste und auch teuerste Stück vom Rind. Und am besten ist es, wenn es aus der Mitte des Filets geschnitten wird und etwa 3 Zentimeter dick ist. Da Filet kaum marmoriert ist, hat es keinen sehr ausgeprägten Eigengeschmack. Empfohlenes Gewicht: 200 bis 300 Gramm.

Rumpsteak (oben rechts)

Es heißt auch Lendensteak und wird aus dem hinteren Teil des Roastbeefs geschnitten. Die feine Marmorierung verleiht dem Fleisch einen intensiven Geschmack und durch seinen weißen, festen Fettrand bleibt das Steak schön saftig. Sollte um die 3 Zentimeter dick sein. Empfohlenes Gewicht: 180 bis 250 Gramm.

T-Bone-Steak (unten links)

Benannt nach der Form seines Knochens. Auf der einen Seite des Knochens befindet sich ein größerer Anteil vom sogenannten flachen Roastbeef, auf der anderen Seite ein kleines Filetstück. Das Steak sollte 3 bis 6 Zentimeter dick sein. Empfohlenes Gewicht: mindestens 450 Gramm.

Porterhouse-Steak (unten rechts)

Ähnlicher Zuschnitt, aber eine Nummer größer als das T-Bone-Steak. Beim Porterhouse-Steak ist der Anteil an Filet höher, der an Roastbeef kleiner. Das Steak sollte eine Dicke von 6 bis 7 Zentimeter haben. Empfohlenes Gewicht: 500 bis 900 Gramm. Reicht auch für zwei.

Rib-Eye-Steak (rechts)

Auch bekannt als Entrecôte. Wird ohne Knochen aus der Hochrippe, dem vorderen Teil des Roastbeefs, geschnitten. Typisch sind drei Muskelstränge und der Fettkern. Das Fleisch ist marmoriert, dadurch saftig und geschmacksintensiv. Sollte 3 bis 5 Zentimeter dick sein. Empfohlenes Gewicht: 250 bis 500 Gramm.

So wird das Steak zart und saftig

Es gibt mehrere Methoden, um ein perfektes Steak zuzubereiten. Hier wird die Schnellste vorgestellt, am Beispiel eines **Filetsteaks** von 200 Gramm. Andere Kurzbrat-Methoden finden Sie in den Rezeptteilen. Für alle gilt: Das Fleisch 45 bis 60 Minuten vor dem Braten aus dem Kühlschrank nehmen und Raumtemperatur annehmen lassen. Kommt es gleich aus dem Kühlschrank in die Pfanne, wird das Steak hart und trocken.

1) Eine nicht beschichtete Pfanne zwischen mittlerer und starker Hitze anheizen. Das Steak rundum sorgfältig trocken tupfen. Pro Steak 1 TL Öl oder Butterschmalz in der Pfanne erhitzen. Wenn ein zugegebener Tropfen Wasser zischt, ist die Fetttemperatur genau richtig. Fleisch hineinlegen, 1 Minute braten, wenden und nochmals 1 Minute braten.

2) Die Temperatur auf mittlere Hitze reduzieren. Das Steak beidseitig mit Salz und Pfeffer würzen und unter gelegentlichem Wenden fertig braten: Nach 2 Minuten ist es rare (hat in der Mitte noch einen blutigen Kern), nach 3–4 Minuten ist es medium (in der Mitte rosa) und nach 5–6 Minuten well done (komplett durchgebraten).

3) Steak aus der Pfanne nehmen, auf einen warmen Teller legen, mit Alufolie abdecken und noch 4–5 Minuten ruhen lassen. Sofort auf vorgewärmten Tellern servieren.

Gekonnt ein Genuss: Grillen

Mit Holzkohle, Strom oder Gas? Das hängt eindeutig von den jeweiligen Umständen ab. Ein Holzkohlen-Grill braucht eine ganze Weile, bis die Glut eine graue Ascheschicht gebildet und damit die ideale Temperatur erreicht hat. Ein Elektro-Grill qualmt nicht und man kann ihn sogar innen benutzen. Ein Gas-Grill ist ein praktischer Kompromiss, denn seine offene Flamme heizt Lavasteine mit einem Rost darüber schnell an.

Fleisch (auch selbst mariniertes) vor der Zubereitung 30–45 Minuten Zimmertemperatur annehmen lassen, so kann es sein Aroma entfalten. Auf dem eingeölten Grill sollte es in der Regel nur insgesamt einmal gewendet werden. Und zwar dann, wenn es sich vom Rost löst. Am besten eine Grillzange mit langen Griffen und keine Fleischgabel benutzen, denn die Gabelspitzen verletzen das Fleisch: sein Saft läuft aus und das schöne Stück wird trocken. Auch gegrilltes Fleisch vor dem Anschneiden 5–10 Minuten ruhen lassen, so kommt es saftig auf den Teller.

Filet-Geschnetzeltes

Hauptgericht
Für 4 Portionen

600 g Rinderfiletspitzen
3 Frühlingszwiebeln
1 kleiner Kopf Radicchio
1 EL Öl
1 EL Butter
Salz, Pfeffer aus der Mühle
1 EL grob gehackte geschälte Mandelkerne
1 EL trockener Sherry (nach Belieben)
150 ml Fleischbrühe
1 EL gehackte Petersilie

■ Die Rinderfiletspitzen in dünne Streifen schneiden. Frühlingszwiebeln putzen, waschen und schräg in dünne Ringe schneiden. Radicchio putzen, waschen und in Streifen schneiden.

■ Öl und Butter in einer Pfanne erhitzen. Das Fleisch darin bei starker Hitze unter Rühren portionsweise 1–2 Minuten anbraten, bis es leicht braun ist. Salzen und pfeffern. Herausheben und in einem Sieb über einer Schüssel abtropfen lassen.

■ Frühlingszwiebeln, Radicchio und Mandeln im Bratfett andünsten. Mit Sherry und Brühe aufgießen, den Bratensatz lösen. Einmal kräftig aufkochen lassen. Filet samt aufgefangenem Saft in die Pfanne geben, untermischen und wieder richtig heiß werden lassen. Petersilie zufügen. Das Geschnetzelte mit Salz und Pfeffer abschmecken. Dazu schmecken Kartoffelrösti.

Tatar-Frikadelle mit Wachtelei

Hauptgericht
Für 4 Portionen

400 g Hackfleisch vom Rind (Filet, Oberschale)
Pfeffer aus der Mühle
1-2 EL mildes Nussöl
Kapernäpfel
1 Schalotte
4 Scheiben Brot (z. B. Weizenmischbrot)
1/2 EL Butter
4 Wachteleier
etwas Gartenkresse

■ Aus dem Hackfleisch mit den Händen behutsam 4 gleich große und etwa 2 cm dicke Frikadellen formen, ohne das Fleisch zu fest zu drücken. Mit Pfeffer würzen und dünn mit Öl bepinseln. Frikadellen 20 Minuten kalt stellen.

■ Inzwischen die Kapernäpfel ohne Stiele hacken. Schalotte abziehen und möglichst klein würfeln. Die Brote toasten.

■ In einer Pfanne die Butter schmelzen lassen. Die Wachteleier einzeln aufschlagen und in der Pfanne bei mittlerer Hitze 3 Minuten braten. Gleichzeitig eine zweite beschichtete Pfanne stark erhitzen. Die Frikadellen darin von jeder Seite 30 Sekunden scharf anbraten.

■ Jedes Brot zuerst mit 1 Frikadelle, dann mit 1 Wachtelspiegelei belegen. Mit etwas Salz bestreuen. Kapernäpfel, Schalotte und etwas Kresse darüber streuen. Tatar-Frikadellen sofort servieren.

Fleischbrühe

Für ca. 2 l Brühe

750 g Rinderknochen
750 g Suppenfleisch vom Rind (z. B. Brustkern, Beinscheiben, magere Dünnung)
1 Zwiebel
2 Möhren
1 Stück Knollensellerie (ca. 100 g)
1 Stange Lauch
5 Stiele Petersilie
1 Lorbeerblatt
1 TL schwarze Pfefferkörner (zerdrückt)
2 Wacholderbeeren
Salz

Tipp
Die selbst gemachte Fleischbrühe aus Rindfleisch ist die beste Basis für allerlei Suppen und Saucen.

■ Rinderknochen mit kaltem Wasser bedecken, aufkochen und gut 10 Minuten kochen lassen. Abschäumen, abgießen und die Kochen abspülen.

■ Knochen und Fleisch in einen großen Suppentopf legen. Knapp 3 l kaltes Wasser zugießen. Aufkochen lassen, dann bei kleiner Hitze zunächst 1 ½ Stunden leicht köcheln lassen. Währenddessen immer wieder den entstehenden Schaum abheben.

■ Inzwischen die Zwiebel waschen, ungeschält halbieren und mit den Schnittflächen nach unten in einer Pfanne bei starker Hitze goldbraun rösten (das gibt Farbe und Aroma). Übriges Gemüse putzen, waschen oder schälen und grob zerkleinern. Petersilie waschen. Zwiebel, Gemüse, Petersilie, alle Gewürze und 1 TL Salz zum Fleisch in den Topf geben. Falls nötig noch heißes Wasser zugießen, das Fleisch sollte wieder bedeckt sein. Alles noch etwa 45 Minuten köcheln lassen, bis das Fleisch weich ist.

■ Suppenfleisch herausheben. Die Brühe durch ein Geschirrtuch oder ein sehr feines Sieb in einen zweiten Topf gießen. Fleischbrühe mit Salz abschmecken. Sofort verwenden oder für den Vorrat abkühlen lassen, eventuell entfetten und portionsweise einfrieren. Das Rindfleisch kalt oder warm mit einer Essig-Öl-Vinaigrette servieren oder für einen Salat verwenden.

Unsere Spezialität: Murnau-Werdenfelser

Der Pschorr am Viktualienmarkt

Dass ihr urgemütliches Wirtshaus – Der Pschorr – an einem der größten und schönsten Lebensmittelmärkte Deutschlands liegt, am Viktualienmarkt in München, empfinden Inka und Jürgen Lochbihler als Verpflichtung. Und sie sagen das nicht nur einfach so. Sie handeln auch danach.

Verpflichtet fühlen sich die Wirtsleute gegenüber den Gästen, klar. Die Qualität muss stimmen. Nicht nur beim Bier. Verpflichtet fühlen sie sich aber auch und vor allem gegenüber der Natur – und gegenüber der bayerischen Heimat. Also stammen so gut wie alle Produkte, die in der Pschorr-Küche verarbeitet werden, aus der Region. Was nicht nur kurze Transportwege (also eine geringere Umweltbelastung) mit sich bringt, sondern auch eine saisonale Ausrichtung der Speisenkarte.

Fleisch bezieht Der Pschorr vor allem von biologisch wirtschaftenden Kleinerzeugern wie z. B. vom Archehof Schlickenrieder in Otterfing (s. S. 44). Oder von den Erzeugern der Initiative BayernOX, die genossenschaftliche Qualitätsstandards für hochwertiges Fleisch aus Bayern garantiert. Da weiß Lochbihler, was er bekommt. Und das schmeckt auch der Gast.

Als das ursprünglich im Alpenland heimische Murnau-Werdenfelser Rind akut vom Aussterben bedroht war, gründete Lochbihler auf Initiative von Slow Food München mit einigen Züchtern 2007 einen Förderverein zur Erhaltung dieser alten Haustierrasse. Nebenbei betreibt er sogar selbst eine kleine Landwirtschaft mit diesen Tieren, deren Fleisch so besonders gut schmeckt. Kürzer kann der Weg in die Küche nicht sein.

Zweierlei Siedfleisch mit Petersiliensauce

HAUPTGERICHT
FÜR 6–8 PORTIONEN

Für das Fleisch
1 kg Tafelspitz
800 g Rinderschulter (z. B. vom Boeuf de Hohenlohe)
500 g Rinderknochen
5 schwarze Pfefferkörner
2–3 Zweige Thymian
2 kleine Lorbeerblätter
1 kleine Stange Lauch
2 Stangen Sellerie
400 g Möhren
1 Bund Frühlingszwiebeln
grobes Salz zum Bestreuen
100 g frisch geriebener Meerrettich

Für die Sauce
3 Bund glatte Petersilie
1 Knoblauchzehe
4 eingelegte Sardellenfilets (Anchovis)
2 EL Kapern
100 ml Öl (z. B. Olivenöl)
3–4 EL Zitronensaft
50 g frisch geriebener Hartkäse (z. B. Parmesan)
Salz, Pfeffer aus der Mühle

■ Einen großen Suppentopf etwa zur Hälfte mit Wasser füllen, aufkochen lassen. Die Knochen kurz kalt waschen. Pfefferkörner zerdrücken, mit Thymian, Lorbeer und den Knochen in den Topf geben. Beide Fleischsorten einlegen, einmal aufkochen lassen, dann bei schwacher Hitze in 1 ¾ bis 2 Stunden im Sud gar ziehen lassen, bis es butterweich ist. Währenddessen öfter den entstehenden Schaum abschöpfen.

■ Inzwischen für die Sauce die Petersilie waschen, trocken schütteln, die Blätter abzupfen und grob hacken. Knoblauch schälen, fein würfeln. Sardellenfilets und Kapern hacken. Petersilie mit Knoblauch und Öl fein pürieren. 3 EL Zitronensaft zufügen. Sardellenfilets, Kapern und Käse unterrühren. Falls die Sauce zu dick ist, etwas von der Fleischbrühe zufügen. Mit Salz, Pfeffer und übrigem Zitronensaft abschmecken.

■ Lauch, Sellerie, Möhren und Frühlingszwiebeln putzen und waschen, Möhren eventuell auch schälen. Gemüse in mundgerechte Stücke schneiden. Etwa 20 Minuten vor Garzeitende des Fleisches in die Brühe geben und darin bissfest garen.

■ Fleisch und Gemüse aus der Brühe heben. Die Brühe durchsieben, mit Salz und Pfeffer abschmecken. Fleisch quer zur Faser in dünne Scheiben schneiden. Mit dem Gemüse anrichten, mit etwas Brühe beträufeln und mit etwas grobem Salz bestreuen. Den Meerrettich und die Petersiliensauce getrennt dazu reichen. Als Beilage schmecken Salzkartoffeln.

Info
Siedfleisch ist klassischer Bestandteil des Hohenloher Kuhessens, das im Winter noch vereinzelt in Gasthäusern der Region zelebriert wird.

Tipp
Eventuell übrig gebliebenes Fleisch am nächsten Tag lauwarm servieren. Dazu die Scheiben in etwas heißer Fleischbrühe wenden und mit einer Kräuter-Vinaigrette beträufeln.

Rinderroulade à la Helge

Hauptgericht
Für 4 Portionen

2 Zwiebeln
2 EL Kapern
4 kleine Gewürzgurken
100 g fetter Speck in dünnen Scheiben
8 kleine Sardellen (Anchovis aus dem Glas)
4 dünne Rinderrouladen à ca. 200 g (aus Ober- oder Unterschale)
Salz, Pfeffer aus der Mühle
4 TL mittelscharfer Senf
1 EL Butterschmalz
ca. 350 ml Fleischbrühe
50–100 g Sahne oder Crème fraîche
2 TL Speisestärke (nach Belieben)

■ Die Zwiebeln abziehen und klein würfeln. Kapern abtropfen lassen, fein hacken. Beides vermischen. Die Gurken längs vierteln. Den Speck längs in dünne Streifen schneiden. Sardellen kurz abbrausen und trocken tupfen.

Falls nötig, die Fleischscheiben zwischen Frischhaltefolie gleichmäßig dünn klopfen. Fleisch trocken tupfen und nebeneinander ausbreiten. Salzen, pfeffern und mit Senf bestreichen. Etwa die Hälfte der Zwiebel-Kapern-Mischung darauf verteilen, dabei überall einen Rand frei lassen. Gurkenviertel, Speckstreifen und Sardellen auf dem breiten Ende der Fleischscheiben verteilen. Jeweils die Längsseiten etwas einschlagen. Dann vom breiten Ende her stramm aufrollen. Die Enden mit Rouladennadel, Rouladenklammer, Holzspießchen fixieren oder mit Küchengarn verschnüren. Rouladen leicht salzen und pfeffern.

Schmalz in einem Schmortopf erhitzen, die Rouladen darin rundherum kräftig anbraten. Übrige Zwiebel-Kapern-Mischung zufügen, kurz mitbraten. Brühe zugießen. Aufkochen und die Rouladen zugedeckt bei schwacher Hitze in etwa 1 ½ Stunden weich schmoren. Nach der Hälfte der Garzeit wenden. Falls nötig, noch etwas Brühe zugießen.

Rinderrouladen aus dem Topf heben und warm halten. Sahne oder Crème fraîche in die Sauce rühren. Eventuell mit etwas angerührter Stärke binden. Die Sauce mit Salz und Pfeffer abschmecken. Nadeln, Klammern oder Küchengarn von den Rouladen entfernen. Die Rouladen noch 6–8 Minuten bei schwacher Hitze in der Sauce ziehen lassen. Dazu schmeckt Kartoffel- oder Selleriepüree.

Info
Helge Peter lebt vor den Toren Münchens und ist durch und durch Genussmensch. Seine Rouladen gehören zum erklärten Lieblingsessen, wenn Familie und Freunde am Tisch sitzen. Seine Empfehlung: Rouladen schmecken aufgewärmt oft noch besser. Sie deshalb schon einen Tag vorher zubereiten, aber die Sauce erst kurz vor dem Servieren verfeinern.

Ochsenschwanzragout

HAUPTGERICHT
FÜR 4 PORTIONEN

1,5–1,7 kg Ochsenschwanz (vom Metzger in Stücke hacken lassen)
1 Möhre
1 Stück Knollensellerie
1 Petersilienwurzel
4 EL Öl
1 kleine Dose geschälte Tomaten
1 Knoblauchzehe
100 ml Madeira-Rotwein
400 ml trockener kräftiger Rotwein
250 ml Fleischbrühe
Salz, Pfeffer aus der Mühle
1 TL Oregano
1 Lorbeerblatt
200 g Schalotten

■ Die Ochsenschwanzstücke mit einem feuchten Tuch abreiben, um eventuelle Knochensplitter zu entfernen. Fleisch trocken tupfen. Das Wurzelgemüse putzen und klein schneiden.

■ Öl in einem Schmortopf erhitzen, die Fleischstücke darin rundherum kräftig anbraten. Gemüse zufügen und kurz mitbraten. Die Tomaten samt Saft zum Fleisch geben. Knoblauch abziehen und durch eine Presse dazu drücken. Mit Madeira ablöschen. Jeweils die halbe Menge Rotwein und Fleischbrühe zugießen. Mit Salz, Pfeffer, Oregano und Lorbeerblatt würzen.

■ Alles aufkochen und zugedeckt bei mittlerer bis schwacher Hitze zunächst 2 Stunden sanft schmoren lassen. Dabei nach und nach den restlichen Rotwein und die übrige Fleischbrühe zugießen sowie die Fleischstücke ab und zu wenden.

■ Wer das Ragout ohne Knochen mag, hebt die Fleischstücke jetzt aus der Sauce und lässt sie etwas abkühlen. Dann das Fleisch von den Knochen ablösen und in nicht zu kleine Stücke schneiden.

■ Die Schalotten abziehen und längs halbieren. Eventuell zusammen mit den Fleischstücken in den Schmortopf geben und weitere 45–60 Minuten zugedeckt schmoren, bis das Fleisch butterweich ist. Das Ragout mit Salz und Pfeffer abschmecken. Dazu schmecken Kartoffelpüree, breite Bandnudeln oder Stangenbrot.

Info
Madeira ist ein Südwein aus Portugal. Das damit zubereitete Ragout aus „Ochsensteert“ stammt aus der bürgerlichen Küche Hamburgs, da die Hansestadt schon früh einen regen Schiffshandel mit Portugal pflegte.

Tradition verpflichtet

Der Hof Schörgern in Oberndorf

Es ist eine Szenerie, wie man sie sich pittoresker kaum vorstellen kann: Ein 400 Jahre alter traditioneller österreichischer Bauernhof, im Hintergrund das Panorama der Kitzbühler Alpen und direkt davor auf einer bunten Wiese eine Herde genügsam weidender Pinzgauer Rinder.

Der Großvater von Andreas und Stefan Lindner, die den Hof und die dazugehörige Käserei heute betreiben, hatte Schörgern 1937 gekauft. „Steff", wie man den Großvater nannte, war in der ganzen Region als „Viehdoktor" und passionierter Züchter von Pinzgauer Rindern (s. S. 82) bekannt.

Sein Enkel Stefan ist heute für die Außenwirtschaft, für die Ziegen und Kühe und für die Melkerei zuständig. Dessen Bruder Andreas ist eigentlich gelernter Koch, der u. a. bei Johann Lafer und bei vielen gehobenen Restaurants in der Region Kitzbühl gelernt und gearbeitet hat. Heute ist er jedoch für die Hofkäserei zuständig. 2007 fing alles mit einem ersten Ziegenfrischkäse an. Mittlerweile gibt es eine ganze Palette von z. T. prämierten Käseköstlichkeiten, die man im neuen Hofladen, auf den Märkten und in den Läden der Region kaufen kann.

15 bis 20 Kälber und Kühe werden pro Jahr bei einem benachbarten Metzger geschlachtet. Doch davon kommt kaum etwas in den Handel. Gut 90 Prozent des köstlichen Fleisches werden nämlich in der Hotelküche des benachbarten Penzinghofs veredelt. Und der wiederum wird von den Schwestern Barbara und Christine Lindner geführt. So bleibt halt alles in der Familie – mehr oder weniger.

Pinzgauer Rindswangerl

HAUPTGERICHT
FÜR 4 PORTIONEN

2 große Rinderbacken (Rindswangerl; ca. 1,2 kg, beim Metzger vorbestellen)
Salz, Pfeffer aus der Mühle
1 TL Thymian
doppelgriffiges Mehl zum Wenden
2 Möhren
150 g Knollensellerie
1 kleine Stange Lauch
1–2 EL Butterschmalz
1 EL Tomatenmark
700 ml kräftiger Rotwein
evtl. etwas Fleischbrühe
Maisstärke zum Binden (nach Belieben)

■ Von den Rinderbacken die äußeren Sehnen entfernen, die inneren am Fleisch lassen. Rinderbacken trocken tupfen, rundherum mit Salz, Pfeffer und Thymian würzen. Das Fleisch im Mehl wenden und überschüssiges Mehl abschütteln. Möhren, Sellerie und Lauch waschen, putzen und würfeln.

■ Das Schmalz in einem Schmortopf erhitzen. Das Fleisch darin rundherum kräftig anbraten. Herausheben und beiseite stellen. Gewürfeltes Gemüse im Bratfett goldbraun anbraten. Tomatenmark zufügen und 2 Minuten mitrösten.

■ Die Rinderbacken wieder in den Topf legen. Den Rotwein zugießen. Die Rinderbacken zugedeckt 2,5 bis 3 Stunden sanft schmoren lassen, bis sie butterweich sind. Währenddessen, falls nötig, Fleischbrühe oder Wasser nachgießen, das Fleisch sollte etwa zu zwei Drittel von Flüssigkeit bedeckt sein.

■ Die Rinderbäckchen aus dem Topf nehmen und warm stellen. Die Sauce durch ein Sieb gießen, eventuell einkochen lassen oder mit etwas kalt angerührter Stärke binden. Sauce mit Salz und Pfeffer abschmecken. Das Fleisch in Scheiben schneiden und mit der Sauce anrichten.

Info
Ein Lieblingsrezept der Geschwister Lindner, wie es auch im Penzinghof den Hotelgästen serviert wird.

Schafe – das pure Glück auf Deich und Weide

Das Landleben ist in, nicht außer uns.
JEAN PAUL

Schafe – wertvolle Rassen

Schafe zählen wie die Ziegen zu den „kleinen Wiederkäuern". Sie sind reine Vegetarier und leben ausschließlich von Gräsern, Klee, Kräutern, gerne auch von Baumrinden und Fallobst. Schaf und Ziege sind von alters her die „Kühe" der Kleinbauern. Sie liefern Milch für Kefir und Käse, aromatisches Fleisch, Wolle und Schafsmist, der als Komposttstarter dient und als Dung für Garten, Reben und Obstbäume.

Über Jahrhunderte hinweg hat sich durch Auslese und Zucht eine breite Vielfalt an Schafsrassen entwickelt. Die einen dienen vor allem zur Milchgewinnung, andere liefern gleichermaßen Milch und Fleisch, und wieder andere dienen hauptsächlich der Fleischgewinnung.

Die Namen der verschiedenen Schafrassen weisen stets auf ihre Herkunft hin. Man spricht von autochtonen Rassen. So ist das Rhönschaf im Mittelgebirge der Rhön entstanden und an die dortigen Verhältnisse angepasst. Schafe werden heutzutage häufig vor allem für die Landschaftspflege eingesetzt und kommen so zu neuen Ehren.

Rhönschafe

Benannt sind sie nach dem Mittelgebirge in der Mitte Deutschlands, der Rhön, wo sie seit dem 16. Jahrhundert heimisch sind. Die hübschen Tiere sind hochbeinig, hornlos, haben ein weißes Vlies und einen aparten schwarzen Kopf mit römischem Nasenprofil. Gemeinsam mit den langen, unbewollten Beinen und den harten Klauen sind sie bestens angepasst an das raue Klima und das felsige Terrain ihrer Heimat.
Umgekehrt hat die Beweidung mit Schafen das heideähnliche Landschaftsbild der Rhön entscheidend mit geprägt. Streuobstwiesen entstanden, der Buchenwald wurde zurückgedrängt, viele andere Pflanzenarten konnten sich ausbreiten.
Das Fleisch dieser nur knapp vor dem Aussterben bewahrten Haustierrasse galt und gilt als Delikatesse. Es ist kurzfaserig, zart und hat einen leichten Wildgeschmack.

Moorschnucke

Ursprünglich beheimatet ist die Moorschnucke (Korrekt: Weiße hornlose Heidschnucke) in den Moor-Heidelandschaften Niedersachsens. Das kleine, leichte und anspruchslose Landschaf mit feinem Knochenbau und festen Klauen hat sich über Jahrhunderte an die kargen und sumpfigen Verhältnisse seines Lebensraumes angepasst – es kann auch dort noch weiden, wo der Mensch versinken würde.
Die traditionelle Moorbeweidung war Landschaftspflege und Naturschutz zugleich. Als die Moorbeweidung unwirtschaftlich wurde und spezielle Fleisch- und Wollschafrassen bevorzugt wurden, standen die Schnucken in den 1960ern vor dem Aus.
Naturschützer setzten sie in Moorschutzprojekten zur Offenhaltung der Landschaft wieder ein und trugen damit zur Rettung entscheidend bei. Das Fleisch ist dunkel, würzig-aromatisch, ein wenig wildbretartig.

Braunes Bergschaf

Das Braune Bergschaf ist ursprünglich in den Alpenregionen von Oberbayern, Österreich, Südtirol und dem schweizerischen Engadin beheimatet. Einst war besonders die Wolle der cognacfarbenen bis sattbraunen Schafe in Oberbayern und Tirol gefragt, um daraus naturfarbene Loden herzustellen. Der nachfragebedingte Einbruch der Wollpreise und die Zucht des fleischigeren neuen Weißen Bergschafes führten jedoch dazu, dass das Braune Bergschaf in der Nachkriegszeit fast ausstarb.
Seit den späten 1970er-Jahren bemüht man sich mit einem Hauptzuchtgebiet südlich von München um seine Rettung. Doch auch außerhalb der Ursprungsregion nehmen sich Schäfereien dieser gefährdeten Landschafrasse an, selbst im Bergischen Land und in Friesland. In der Küche schätzt man vor allem das fettarme Lammfleisch.

Heidschnucke

Traditionell heimisch sind die Heidschnucken in den norddeutschen Moor- und Heidelandschaften. Vor allem die Lüneburger Heide wäre ohne die sog. Grauen Gehörnten Heidschnucken undenkbar, die mit dem sandigen Grund und dem nährstoffarmen Pflanzenangebot sehr gut zurechtkommen. Hier werden sie nicht nur wegen des Fleisches gehalten, sondern vor allem zur Landschaftspflege.
Die Beweidung mit Schafen hat bereits vor Tausenden Jahren diese Region entscheidend geprägt. Die Schafe verbissen sich am frischen Grün junger Eichen und lichteten somit die einstmals mit dichten Eichenwäldern bestandene Landschaft aus. So entstanden offene Flächen, auf denen sich die beweidungsresistente Besenheide ansiedeln konnte.
Die grauen Heidschnucken sind hauptsächlich wegen ihres wildartigen Fleisches in ganz Europa verbreitet.

Die kulinarisch wichtigsten Teilstücke vom Lamm …

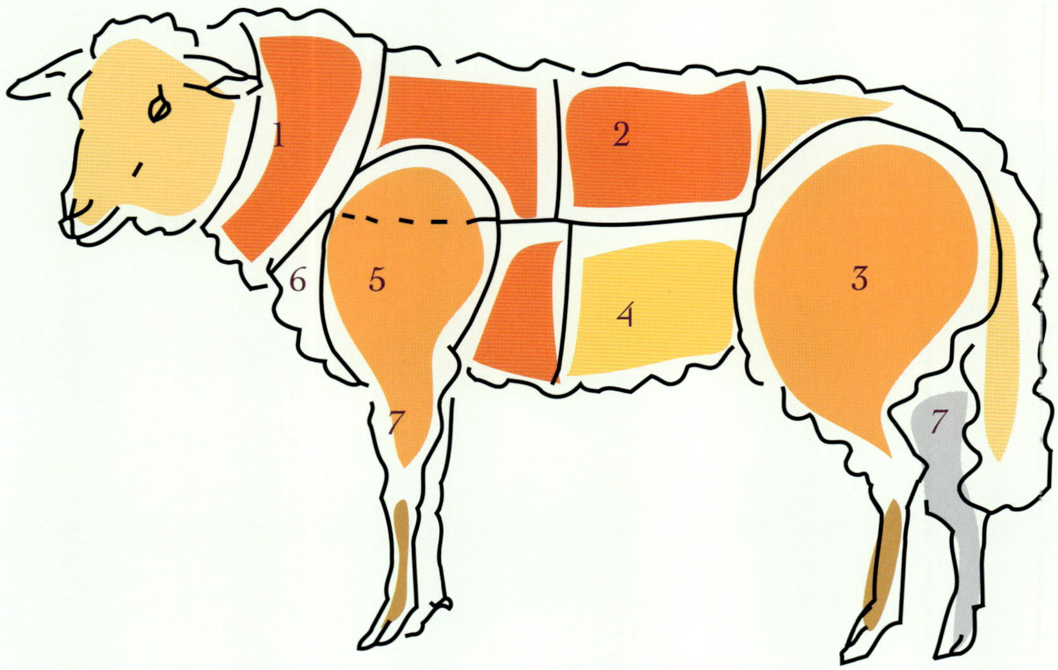

1 Hals/Nacken

2 Rücken und Filet

3 Keule

4 Dünnung/Bauch

5 Schulter

6 Brust

7 Vorder- und Hinterhaxen

… und ihre Verwendung

Lammfleisch immer heiß auftischen, weil sein Fett schon bei etwa 40 °C wieder fest wird und dann leicht talgig schmecken kann. Zum Servieren auch Teller und Platten vorwärmen. Lammfleisch ohne sichtbares Fett wie Filet oder Keule schmeckt auch kalt.

1 Das Halsfleisch ist durchwachsen und deshalb gut geeignet für Schmorgerichte und Eintöpfe. Die aus dem Nacken geschnittenen Nacken- oder Kammkoteletts lassen sich prima kurzbraten und grillen, sie bleiben dabei schön saftig.

2 Der Lammrücken liefert die beliebten Teile zum Kurzbraten und Grillen wie Stielkoteletts und Lendenkoteletts sowie das Lammrückenfilet. Der ausgelöste Rücken heißt auch Lammlachs. Der Rücken kann aber auch im Ganzen als feiner Braten geschmort werden. Der edelste Teil des Lammrückens ist das Filet. Es weist am wenigsten den typischen Lammgeschmack auf, ist sehr mager und sollte deshalb nur behutsam kurzgebraten oder gegrillt werden.

3 Im Ganzen gebraten ist die Keule ein Klassiker und am Knochen gegart wird sie besonders saftig. Das zarte Fleisch ist mager, schmeckt sehr aromatisch. Das Fleisch der Keule lässt sich auch ausgelöst in Steaks und Schnitzel schneiden oder für Ragouts würfeln.

4 Das durchwachsene Fleisch vom Bauch ist das preiswerteste vom Lamm. Es eignet sich vor allem für Eintöpfe. Falls es nicht zu fett ist, auch für Ragouts und Rollbraten.

5 Lammschulter, auch Bug oder Schaufel genannt, kann mit Knochen als Braten zubereitet werden. Ausgelöst und gewürfelt eignet es sich zum Schmoren von Ragouts. Das zarte Fleisch ergibt auch einen guten Rollbraten.

6 Das durchwachsene Fleisch der Brust kann, falls es nicht zu fett ist, für Eintöpfe verwendet werden. Oder man füllt oder rollt das entbeinte Brustfleisch und bereitet es als Braten zu.

7 Lammhaxen haben einen kräftigen Geschmack. Die hinteren sind deutlich größer und fleischiger als die vorderen. Wegen ihres hohen Bindegewebeanteils gelingen die Haxen am besten und saftigsten, wenn man sie mit Knochen lange in Eintöpfen oder Schmorgerichten gart.

Lamm- und Schaffleisch

Wenn Schaf, dann Lamm! So entscheiden jedenfalls bei uns die Verbraucher. Ob Keule, Rücken, Schulter oder Koteletts – für Feinschmecker ist Lamm viel mehr als ein junges Schaf im ersten Lebensjahr. Von Kennern wird Lammfleisch als Delikatesse mit sehr feinem Aroma geschätzt. Die beste Wahl beim Einkauf ist frisches Fleisch aus der Region. Und um mit einem Vorurteil aufzuräumen: Lammfleisch schmeckt immer zart, nie streng oder gar penetrant.

WISSENSWERT

Aufbewahrung

Frisches Lammfleisch, in Folie verpackt, hält sich im Kühlschrank 2–3 Tage. Tiefgekühlt können magere Teile neun Monate, fettere (wie auch das Hammelfleisch) rund 6 Monate aufbewahrt werden.

Lammfleisch

Aus Deutschland stammt es von Schafen, die maximal 12 Monate alt sein dürfen. Die Lämmer werden bei guter Haltung überwiegend auf Weiden gehalten – auf Nordseedeichen bis hin zu Bergwiesen. Diese Haltung und ein meist natürliches Futter sind ausschlaggebend für ihr feines und aromatisches Fleisch.

Milchlämmer sind mindestens 8 Wochen alt, aber nicht älter als 6 Monate. Sie werden mit Kuhmilch und Heu gefüttert, ihr Fleisch ist daher besonders hell, mild und fettarm, hat also kaum Eigengeschmack.
Weidelämmer bleiben bei ihren Müttern und somit bei der Herde, gedeihen auf der Weide und bekommen üblicherweise kein Kraftfutter. Mit 7 bis 9 Monaten werden sie geschlachtet. Ihr Fleisch ist fein marmoriert und zartwürzig.
Mastlämmer bekommen Kraftfutter und sind beim Verkauf zwischen 8 und 12 Monate alt. Ihr Fleisch ist dunkelrosa und leicht mit Fett durchzogen.

Daran erkennt man gute Qualität
Frisches Lammfleisch sollte immer fest sein, eine hell- bis ziegelrote Farbe haben, matt glänzen und angenehm würzig riechen. Nicht kaufen sollte man fleckiges oder zu feuchtes Lammfleisch. Auch keines, das streng riecht.

Hammelfleisch

Es stammt von Schafen beiderlei Geschlechts, die nicht älter als 2 Jahre sind. Das Fleisch ist dunkelrot, fest und deutlich marmoriert. Es hat den kräftigen, typischen Hammelgeschmack, der sich mit der Geschlechtsreife entwickelt.

Lamb
leg
- Sirloin Roast
- Sirloin Chop
- Whole Leg
- Half Leg
- Leg Steak
- Shank

Lammkeule und Hammelbraten

Schmackhaftes von Salzwiesen und saftigem Weideland

Lamm-Kartoffel-Topf mit Bohnen

HAUPTGERICHT
FÜR 6 PORTIONEN

1,2 kg Lammfleisch (oder vom jungen Hammel) ohne Knochen (Hals, Brust, Schulter)
Salz, Pfeffer aus der Mühle
1 Msp. gemahlener Piment
1 kg festkochende Kartoffeln
1 Gemüsezwiebel (ca. 120 g)
1 Bund Petersilie
1 Zweig Bohnenkraut
500 ml Lammfond (Glas, alternativ Fleischbrühe)
500 g grüne Bohnen

■ Vom Lammfleisch das Fett abschneiden und grob zerteilen. Fleisch trocken tupfen, in mundgerechte Würfel schneiden. Lammfett in einer großen Pfanne auslassen, das Fleisch darin rundherum anbraten. Aus dem Fett heben, mit Salz, Pfeffer und Piment würzen. Pfanneninhalt weggießen, den Bratensatz mit etwas Wasser unter Rühren loskochen.

■ Kartoffeln schälen, waschen und würfeln. Zwiebel abziehen, klein würfeln. Petersilie und Bohnenkraut abbrausen, trocken schütteln und die Blättchen abzupfen. 3/4 der Petersilie fein hacken.

■ Fleisch in einen schweren breiten Topf legen (am besten in einen gusseisernen Bräter). Mit dem Bratensatz begießen. Darauf lagenweise Kartoffeln und Zwiebeln schichten, dabei jede Lage mit Salz, Pfeffer, Bohnenkraut und gehackter Petersilie würzen. Mit Kartoffeln abschließen.

■ Fond über die Zutaten in den Topf gießen. Aufkochen lassen und alles zugedeckt bei schwacher Hitze 60–70 Minuten sanft köcheln lassen. Nach etwa 45 Minuten nachsehen, ob die Flüssigkeit ausreicht, der Eintopf soll saftig sein, aber nicht in Flüssigkeit schwimmen. Bei Bedarf etwas Wasser nachgießen.

■ 20 Minuten vor Garzeitende die Bohnen waschen, putzen, in mundgerechte Stücke schneiden. In kochendem Salzwasser offen in 15–18 Minuten bissfest garen. In ein Sieb abgießen, kalt abschrecken, abtropfen lassen. Bohnen unter den Lammtopf heben. Mit Salz und Pfeffer abschmecken und mit übrigen gezupften Petersilienblättchen bestreut servieren.

Tipp
Fleisch eines älteren Lamms oder eines jungen Hammels eignet sich wegen der festeren Struktur und seines intensiveren Geschmacks für diesen Eintopf besser als das teurere Fleisch vom jungen Lamm.

Lammkoteletts mit Kräutersauce

Hauptgericht
Für 4 Portionen

Für die Sauce
1 Bund gemischte Kräuter
1 Schalotte
1 Knoblauchzehe
2 Sardellenfilets (Anchovis)
2 EL Kapern
3 EL Semmelbrösel
2–3 EL Weißweinessig
8 EL Olivenöl
80–100 ml Gemüsebrühe
Salz, Pfeffer aus der Mühle
Chilipulver

Für das Lamm
12 daumendicke Lammkoteletts à ca. 80 g (aus dem Rücken)
2 EL Olivenöl
1 EL Zitronensaft
Salz, Pfeffer aus der Mühle

■ Für die Sauce die Kräuter waschen, trocken schütteln und grobe Stiele entfernen. Schalotte und Knoblauch abziehen. Sardellenfilets abspülen, trocken tupfen. Alles mit den Kapern sehr fein hacken. In eine Schüssel geben.

■ Semmelbrösel, Essig und Olivenöl unterrühren. So viel Brühe zufügen, dass eine cremige Sauce entsteht. Mit wenig Salz, etwas Pfeffer und Chilipulver abschmecken. Kräutersauce zugedeckt mindestens 30 Minuten im Kühlschrank durchziehen lassen.

■ Lammkoteletts mit einem feuchten Tuch abreiben, um eventuell vorhandenen Knochensplitter zu entfernen. Das Öl mit dem Zitronensaft mischen. Das Fleisch damit einreiben und zugedeckt 30–45 Minuten marinieren, dabei Zimmertemperatur annehmen lassen.

■ Koteletts auf dem Grill oder in einer heißen Pfanne auf beiden Seiten jeweils 2–3 Minuten garen. Salzen, pfeffern und mit der Kräutersauce servieren. Dazu schmeckt knuspriges Brot.

Bio und bergisch pur

Der Klosterhof Bünghausen in Gummersbach

Peter Schmidt ist ein klassischer Quereinsteiger. Eigentlich hätte er schon nach der Schule gerne einen Bauernhof übernommen. Damals gab es nur einfach kein passendes Gehöft – und keine passende Frau, die mit ihm die Passion für die Landwirtschaft geteilt hätte. Also ließ er sich erst einmal zum Journalisten ausbilden, als der er bis heute zu Umweltthemen, Landwirtschaft, Landschaftsschutz und Klimawandel schreibt.

Doch 1992 wechselte er die Seite, bezog den Klosterhof Bünghausen, ein typisch bergisches Fachwerkhaus aus dem Jahr 1914. Wenige Jahre später besiedelten die ersten Bergschafe die Streuobstwiese des Klosterhofes. Heute bewirtschaftet Peter Schmidt mit seiner Ehefrau Susanne Schulte immerhin 20 Hektar – genug für rund 25 Mutterschafe der stark gefährdeten Braunen und Weißen sowie der Schwarzen Bergschafe. Genug auch für eine kleine Mutterkuh-Herde der Rasse Rotes Höhenvieh, einer typischen, aber vom Aussterben bedrohten Mittelgebirgsrasse, mit deren Zucht der Archehof in Bünghausen 2006 als erster im Oberbergischen Kreis begann.

Der Klosterhof wird nach den Richtlinien des Ökoverbandes Biokreis bewirtschaftet. Die Vermarktung des Fleisches erfolgt direkt vom Hof und über „bergisch pur“, einen regionalen Verbund von Erzeugern und Vermarktern des Bergischen Landes, der sich auch einer naturschutzorientierten Landwirtschaft verpflichtet fühlt (www.bergischpur.de). Und wen wundert es: Gründungsmitglied und Geschäftsführer ist Peter Schmidt – vom Klosterhof.

Lammhackfleisch mit Gemüse

HAUPTGERICHT
FÜR 4 PORTIONEN

2 Schalotten
1–2 Knoblauchzehen
1/2 Wirsing (ca. 400 g)
250 g Möhren
100 g Champignons
1 EL Zitronensaft
2–3 EL Butterschmalz
600 g Lammhackfleisch
2 TL Kümmelsamen
1/2 TL Thymian
250 ml Fleisch- oder Gemüsebrühe
200 g Schmand
Salz, Pfeffer aus der Mühle

■ Schalotten und Knoblauch abziehen und klein würfeln. Die äußeren Blätter vom Wirsing entfernen. Wirsing waschen, dritteln und jeweils den Strunk herausschneiden. Wirsingspalten quer in fingerbreite Streifen schneiden. Möhren schälen und schräg in dünne Scheiben schneiden. Champignons putzen, ebenfalls in Scheiben schneiden. Pilze im Zitronensaft wenden.

■ Butterschmalz in einer großen Pfanne mit hohem Rand erhitzen. Das Hackfleisch darin braun und krümelig anbraten. Mit Kümmel und Thymian würzen. Schalotten, Knoblauch, Wirsing, Möhren und Champignons unter das Hackfleisch mischen und 2 Minuten mitbraten.

■ Brühe zugießen und alles zusammen etwa 15 Minuten köcheln lassen, bis das Gemüse bissfest ist. Den Schmand glatt rühren und locker unterheben. Die Hackfleischpfanne mit Salz und Pfeffer abschmecken. Dazu passen Bratkartoffeln.

Info
So mag man Lammfleisch auf dem Klosterhof Bünghausen im Bergischen besonders gern – und natürlich schwört man gerade für dieses Rezept auf die Qualität des Fleisches der eigenen Bergschafe.

Lammfilets mit Paprikagemüse und grünem Pfeffer

Hauptgericht
Für 2 Portionen

4 Lammrückenfilets à 70–80 g
2 Schalotten
je 1 große rote und gelbe Paprikaschote
1 EL Rosmarinnadeln
2 EL Öl
8 Cocktailtomaten
1 TL eingelegter grüner Pfeffer
200 ml Gemüsebrühe
Salz, Pfeffer aus der Mühle
1 Stiel Minze
100 g Naturjoghurt (3,5 % Fett)
1 Prise Zucker
1 Spritzer Zitronensaft

■ Lammrückenfilets Zimmertemperatur annehmen lassen. Inzwischen die Schalotten abziehen und längs in dünne Scheiben schneiden. Die Paprikaschoten waschen, vierteln und nach Belieben schälen. Stielansatz, Trennwände und Kerne der Schoten entfernen. Die Viertel in mundgerechte Stücke schneiden. Rosmarinnadeln fein hacken.

■ In einer Pfanne 1 EL Öl erhitzen. Schalotten, Paprika und Rosmarin darin unter Rühren 4 Minuten braten. Tomaten waschen, trocken tupfen, halbieren, in die Pfanne geben und 1 Minute mitbraten. Grünen Pfeffer und etwas von der Lake zum Gemüse geben. Brühe zugießen. Alles bei starker Hitze noch 3 Minuten kochen lassen. Leicht salzen und warm halten.

■ Übriges Öl in einer zweiten Pfanne erhitzen. Die Lammfilets trocken tupfen und darin rundherum insgesamt 4 Minuten braten. Salzen und pfeffern. Filets vom Herd nehmen und zugedeckt noch kurz ziehen lassen. Inzwischen die Minze waschen, trocken schütteln und die Blättchen hacken. Minze mit Joghurt, Zucker und Zitronensaft verrühren.

■ Lammfilets mit dem angesammelten Bratensaft zum Gemüse geben. Alles für etwa 1 Minute wieder heiß werden lassen. Filets schräg in dicke Scheiben schneiden, mit dem Gemüse und dem Minze-Joghurt servieren. Dazu schmecken Reis oder Brot.

Lammkeule vom Salzwiesenlamm mit Frühlingsgemüse

HAUPTGERICHT
FÜR 4 PORTIONEN

2 Knoblauchzehen
je 1 großer Zweig Thymian und Rosmarin
4 EL Öl
ca. 1,3 kg Lammkeule mit Knochen vom Salzwiesenlamm (oder einer beliebigen anderen regionalen Rasse)
2 Zwiebeln
1 Bund junge Möhren (500 g)
300 g Tomaten
2 Lorbeerblätter
1 EL Mehl
400 ml Lammfond (Glas)
200 ml trockener Weißwein oder Gemüsebrühe
Salz, Pfeffer aus der Mühle
1 Kohlrabi (300 g)
2 kleine weiße Rüben (z. B. Mairüben)
1 Bund Frühlingszwiebeln
2 EL Butter
125 ml Gemüsebrühe

Info
Auf den friesischen Deichwiesen wachsen dichtes Gras und einheimische Kräuter, die immer wieder vom salzigen Meerwasser überspült werden. Durch den hohen Salzgehalt der Pflanzen bekommt das Fleisch der Schafe, die hier weiden, ein unvergleichliches würziges Aroma.

■ Backofen auf 250 °C vorheizen. Knoblauchzehen schälen, fein würfeln. Thymianblätter und Rosmarinnadeln hacken, mit Knoblauch und 2 EL Öl vermischen. Lammkeule damit einreiben. In einen großen Bräter legen und im Ofen 20 Minuten anbraten, nach der Hälfte der Zeit wenden.

■ Die Backofentemperatur auf 180 °C reduzieren. Zwiebeln, die Hälfte der Möhren und Tomaten putzen, klein schneiden. Lamm aus dem Ofen nehmen. Vorbereitetes Gemüse und Lorbeerblätter hinzufügen, übriges Öl zugeben und kurz im Ofen anschmoren. Mehl über Lamm und Gemüse stäuben. Fond, Wein oder Brühe zugießen. Alles salzen und pfeffern und einmal aufkochen lassen. Die Keule zugedeckt im Ofen etwa 90 Minuten schmoren.

■ Restliches Gemüse je nach Sorte waschen oder schälen und putzen. Möhren schräg in 1 cm dicke Scheiben schneiden. Kohlrabi und Rübchen zuerst in 1 cm dicke Scheiben, dann in ebenso breite Stifte schneiden. Frühlingszwiebeln schräg in 3 cm lange Stücke teilen.

■ Butter in einem breiten Topf erhitzen. Möhren, Kohlrabi und Rübchen darin 2 Minuten andünsten. Brühe zugießen, leicht salzen und pfeffern. Alles aufkochen und zugedeckt bei mittlerer Hitze 10 Minuten garen. Frühlingszwiebeln zufügen und alles weitere 5–10 Minuten garen.

■ Lammkeule aus dem Bräter heben, in Alufolie wickeln und heiß halten. Die Schmorflüssigkeit mitsamt dem Schmorgemüse durch ein Sieb streichen, nach Belieben entfetten. Sauce nochmals erhitzen und mit Salz und Pfeffer abschmecken. Keule aus der Folie nehmen. Mit der Sauce und dem Frühlingsgemüse anrichten. Dazu schmecken Kartoffeln.

Roque Blue und Oregano-Lämmer

Die Langenburger Schafkäserei im Hohenloher Land

Norbert Fischer ist Schäfer und Käser mit Leib und Seele. Die Arbeit in der Käserei und draußen in der Natur als Hirte für seine Schafe und Lämmer, das alles ist für Norbert Fischer eine Frage der Passion. Denn hier hat sich erfüllt, was er bereits als junger Mann in seinem Theologiestudium in Eichstätt suchte: ein Leben im Einklang mit sich selbst.

Nach einer landwirtschaftlichen Lehre auf verschiedenen Bio-Bauernhöfen in Baden-Württemberg begann Norbert Fischer zusammen mit seiner Frau Berit in Langenburg-Atzenrod 1984 mit den ersten autodidaktischen Versuchen, Käse aus Schafmilch für den Eigenbedarf herzustellen. Zwei Schafe und ein Hektar Land standen damals zur Verfügung. Heute beweiden rund 200 Schafe und 150 Lämmer die Streuobstwiesen und Trockenhänge des mittlerweile 70 Hektar großen Demeter-Betriebes im idyllischen Jagsttal, der aus Platzgründen 2006 in einen neu gebauten, modernen Hof vor die Tore Langenburgs umzog.

Die aromareiche Milch des ostfriesischen Milchschafs, einer seit dem Mittelalter gezüchteten, mittlerweile aber bedrohten alten Haustierrasse, ergibt hervorragend schmeckenden Käse wie z. B. den beliebten Edelpilzkäse Roque Blue. Und den weiß eine ebenso große wie treue Kundschaft zu schätzen, zu der auch namhafte Restaurants der Region zählen. Aber auch das Fleisch dieser Schafrasse ist eine Delikatesse. Besonders die sogenannten Oregano-Lämmer, die auf Wiesen mit dem würzigen Küchenkraut weiden konnten, sind sehr beliebt.

Die Produkte der Langenburger Schafkäserei sind direkt ab Hof bzw. auf dem Wochenmarkt in Schwäbisch Hall und verschiedenen Käsemärkten erhältlich, vor allem aber auch im Regionalmarkt der BESH (s. S. 52) in Wolpertshausen.

Lamm-Bolognese

HAUPTGERICHT
FÜR 4 PORTIONEN

2 Schalotten
1 Möhre
2 Stangen Staudensellerie (ca. 100 g)
6 Stiele glatte Petersilie
400 g ausgelöster Lammrücken (Lammlachse)
1 EL Öl
1/2 TL Anissamen
150 g Tomatenstücke
1 Knoblauchzehe (nach Belieben)
100 ml trockener Rotwein (alternativ Fleischbrühe)
100 ml Lammfond (aus dem Glas, alternativ Fleischbrühe)
1 Lorbeerblatt
1/2 TL fein abgeriebene Bio-Zitronenschale
Pfeffer aus der Mühle, Salz
400 g breite Bandnudeln
100 g Edelpilzkäse (wie z. B. der Roque Blue aus Schafmilch aus der Langenburger Schafkäserei)

■ Schalotten schälen. Möhre und Sellerie putzen und waschen. Alles klein würfeln. Petersilie waschen, trocken schütteln, die Blätter abzupfen, Stiele aufheben. Lammfleisch trocken tupfen und in möglichst kleine Würfel schneiden.

■ Öl in einem breiten Topf erhitzen. Lammwürfel darin rundherum braun anbraten. Schalotten, Möhre, Sellerie, Petersilienstiele und Anissamen dazugeben, 1 Minute anbraten. Tomatenstücke einrühren und kurz mitbraten.

■ Knoblauch schälen und zum Fleisch pressen. Wein, Fond, Lorbeer und Zitronenschale untermischen. Alles leicht pfeffern. Offen bei kleiner Hitze etwa 20 Minuten schmoren lassen.

■ Inzwischen die Bandnudeln in Salzwasser bissfest kochen. Käse zerbröseln bzw. klein schneiden. Lorbeerblatt aus der Lamm-Bolognese entfernen. Petersilie fein hacken und untermischen. Bolognese mit Salz und Pfeffer abschmecken. Nudeln abgießen, kurz abtropfen lassen, mit der Sauce und dem Käse locker vermengen.

Info
Ein guter Edelpilzkäse aus Schafmilch wie der Roque Blue der Langenburger Schafkäserei (s. S. 140) ist für sich schon ein Hochgenuss. Er kann aber auch dazu dienen, Gerichte wie die Lamm-Bolognese geschmacklich abzurunden.

Gebeizter Hammelbraten

Hauptgericht
Für 4 Portionen

1 kg Hammelschulter ohne Knochen
Saft und abgeriebene Schale von 1 Bio-Zitrone
2 Gewürznelken
5 schwarze Pfefferkörner
ca. 1 l Buttermilch
Salz, Pfeffer aus der Mühle
1–2 EL Butterschmalz
300 ml trockener Weißwein
100 g Frühstücksspeck
500 g Freiland-Gärtnergurken (Schmorgurken)
100 g Schmand
1 EL Mehl
1 EL Dillspitzen

■ Das Fleisch mit dem Zitronensaft einreiben. Gewürznelken und Pfefferkörner grob zerstoßen, mit Buttermilch und 1 TL Salz mischen. Fleisch in ein hohes Gefäß legen, mit der Buttermilch-Beize bedecken und zugedeckt 24 Stunden in den Kühlschrank stellen. Währenddessen ab und zu wenden.

■ Den Backofen auf 180 °C vorheizen. Hammel aus der Beize nehmen, gut trocken tupfen. Beize weggießen. Schmalz in einem Bräter erhitzen, Hammel von allen Seiten darin anbraten. Pfeffern. Wein und 300 ml Wasser zugießen. Fleisch mit den Speckscheiben überlappend belegen. Zugedeckt im Ofen etwa 2 Stunden garen. Währenddessen ab und zu mit der Flüssigkeit begießen.

■ Etwa 20 Minuten vor Garzeitende des Bratens die Gurken schälen, längs halbieren, entkernen und würfeln. In die Sauce legen und kurz mitschmoren.

■ Schmand mit Mehl und Zitronenschale verrühren. Die Sauce damit binden. Mit Salz und Pfeffer abschmecken. Speckscheiben entfernen. Den Braten mit der Sauce anrichten und mit Dill bestreut servieren. Dazu schmecken Salzkartoffeln.

Info
Dieses Rezept stammt aus dem Harz. Wer den intensiven Hammelgeschmack nicht mag, kann auch Lammschulter dafür verwenden. Die Schmorzeit verringert sich dann um etwa 30 Minuten.

Lammragout mit Zucchini

HAUPTGERICHT
FÜR 4 PORTIONEN

800 g Lammfleisch ohne Knochen (aus Schulter, Keule oder Rücken)
3 EL Öl (am besten Olivenöl)
2 TL gemahlener Anis
Pfeffer aus der Mühle, Salz
2 Zwiebeln
400 ml Lammfond oder Fleischbrühe
500 g kleine feste Zucchini
1 TL abgeriebene Bio-Orangenschale
1 TL flüssiger Honig
2 Eigelbe
50 g Sahne
2 Stiele Basilikum

Info
Ilse Janus, eine Cousine der Autorin vom Niederrhein, mag Lammfleisch ganz besonders gern und hat dafür nicht nur ein Lieblingsrezept in petto. Zum Glück gibt es ganz in ihrer Nähe eine gute Einkaufsquelle für regional gezüchtetes Lamm.

■ Lammfleisch trocken tupfen und in große Würfel schneiden, dabei größere Fettstücke und Sehnen entfernen. Öl mit Anis und etwas Pfeffer verrühren, mit dem Fleisch vermengen und zugedeckt im Kühlschrank 1 Stunde marinieren.

■ Zwiebeln abziehen, klein würfeln. Das marinierte Lammfleisch portionsweise in einem Schmortopf bei mittlerer Hitze 8–10 Minuten anbraten. Zwiebeln zufügen und kurz mitbraten. Salzen, pfeffern und mit Fond oder Brühe ablöschen. Aufkochen und zugedeckt bei kleiner Hitze 1 gute Stunde sanft schmoren lassen.

■ Zucchini waschen, putzen und je nach Dicke halbieren oder vierteln. In 2 cm lange Stücke schneiden. Zum Lamm geben und in 5–7 Minuten bissfest garen. Fleischwürfel und Gemüsestücke mit einem Schaumlöffel aus dem Schmorsud heben, zugedeckt heiß halten.

■ Orangenschale und Honig in den Schmorsud rühren, Sud von der Herdplatte ziehen. Eigelbe und Sahne verquirlen, dann mit 1 Schöpfkelle Schmorsud verrühren. Ei-Sahne-Mischung in den Schmorsud im Topf geben, Sauce unter ständigem Rühren erhitzen, aber nicht aufkochen lassen, da sonst das Eigelb gerinnt. Mit Salz und Pfeffer abschmecken und noch kurz mit dem Pürierstab schaumig aufschlagen.

■ Lammwürfel und Zucchinistücke in eine vorgewärmte Schüssel füllen. Basilikumblätter in kleine Stücke zupfen und dazugeben. Die heiße Schaumsauce über das Ragout gießen. Sofort servieren. Dazu schmecken Nudeln ebenso wie Kartoffeln oder Reis.

Schnuckenbratwurst und Naturschutz

Der Schäferhof in der Dümmerniederung

Südlich des Dümmers, des flachen Sees im niedersächsischen Tiefland, liegt der „Schäferhof in der Dümmerniederung". Seine Existenz verdankt der Schäferhof der 1953 vorgenommenen Eindeichung des Dümmers, mit der man die landwirtschaftliche Nutzung der überschwemmungsgefährdeten Dümmerniederung sicherstellen wollte. Die Pflege der Deiche sollte von den Schafen des 1952 gebauten Hofes gewährleistet werden.

Heute werden die Deiche maschinell gepflegt. Und dennoch benötigt man nach wie vor die Diepholzer Moorschnucken dringend. Sie halten nämlich die feuchten Wiesen im Osterfeinder- und Ochsenmoor, mit denen die Moorschnucken im Gegensatz zu anderen Schafrassen keine Probleme haben, zugunsten der Tier- und Pflanzenwelt kurz. So finden hier überwinternde arktische Gänse ebenso wie im Frühjahr brütende Wiesenvögel eine Heimstatt.

Seit 2012 leitet Michael Seel mit seiner Frau den Schäferhof. Und das nicht zuletzt deshalb, weil der Betreiber des Hofes, der Verein „Naturraum Dümmerniederung", im sogenannten „alten Schaftstall" auch noch ein Informationsforum betreibt, um das Naturverständnis in der Jugend- und Erwachsenenbildung zu fördern. Und Seel, der zuvor 17 Jahre lang Schäfer im letzten Zipfel des Rhein-Sieg-Kreises bei Windeck gewesen war, konnte hinlängliche Zusatzqualifikation im Fortbildungswesen und im Naturschutz anbieten. Das passte.

Rund 300 Mutterschafe mit Nachwuchs gehören heute zum Schäferhof. Das Fleisch wird allein über die hofeigene Gastronomie und den Hofladen vermarktet. Für die besonders beliebte Schnuckenbratwurst kehren hier aber nicht nur die Nachbarn regelmäßig ein.

Moorschnucken-Ragout nach „Schäfer-Art“

Hauptgericht
Für 4 Portionen

Für das Ragout
800–900 g Moorschnuckenfleisch ohne Knochen (Schulter)
1 kg Zwiebeln
2–3 EL Butterschmalz
Salz, bunter Pfeffer aus der Mühle
1–2 TL Paprikapulver edelsüß
1–2 TL Thymian (möglichst frisch)
500 ml Gemüsebrühe
1 Hand voll frische Pfifferlinge
100 g Brombeer- oder Holundergelee

Für die Kartoffelplätzchen
1 kg Kartoffeln (vorwiegend festkochend)
Salz, Pfeffer aus der Mühle
1 Zwiebel
50 g Speckwürfel
50 g Kartoffelmehl
3 Eigelbe
1–2 EL fein gehackte Petersilie
1 Prise frisch gemahlene Muskatnuss
Butter zum Braten

■ Für das Ragout die Lammschulter waschen und trocken tupfen. Das Fleisch in etwa 2 cm große Würfel schneiden. Die Zwiebeln abziehen und klein würfeln. Butterschmalz in einem Schmortopf erhitzen. Die Fleischwürfel darin portionsweise bei starker Hitze anbraten. Zwiebeln zufügen und unter Rühren glasig braten. Mit Salz, Pfeffer, Paprikapulver und Thymian kräftig würzen. Mit der Brühe ablöschen. Das Ganze aufkochen und zugedeckt bei kleiner Hitze etwa 1,5 Stunden schmoren.

■ Pfifferlinge sorgfältig säubern und putzen und nur falls nötig, kurz waschen und trocken tupfen. Große Pilze der Länge nach halbieren. Etwa 15 Minuten vor Garzeitende des Ragouts in den Schmortopf geben. Das Gelee glatt rühren und in die Sauce rühren. Ragout noch etwa 15 Minuten sanft garen. Zum Schluss mit etwas Saucenbinder andicken.

■ Während das Ragout schmort, die Kartoffelplätzchen zubereiten. Dafür die Kartoffeln schälen und in Salzwasser gar kochen. Inzwischen die Zwiebel abziehen und sehr klein würfeln. Speckwürfel in einer Pfanne auslassen, Zwiebel zufügen und unter Rühren goldgelb braten. Abkühlen lassen.

■ Kartoffeln abgießen, heiß stampfen oder durch die Kartoffelpresse drücken. Etwas abkühlen lassen. Kartoffelmehl, Eigelb, Petersilie und die Speck-Zwiebel-Mischung hinzufügen. Mit Salz und Muskatnuss würzen. Alles kurz, aber gründlich mischen.

■ Aus dem Kartoffelteig runde Plätzchen formen. Butter in einer großen Pfanne erhitzen. Die Plätzchen darin portionsweise bei mittlerer bis schwacher Hitze von jeder Seite je nach Dicke 5–8 Minuten braten. Das Moorschnucken-Ragout mit den Kartoffelplätzchen anrichten.

Info
Michael Seel und seine Frau servieren dazu Prinzessbohnen, die in Salzwasser mit etwas Bohnenkraut gegart, abgegossen und mit zerlassener Butter, Salz und Pfeffer abgeschmeckt werden.

Lammhaxerl mit glasierten Maroni

HAUPTGERICHT
FÜR 4 PORTIONEN

Für das Lamm
4 Lammhaxen à 300–350 g (z. B. vom Bergschaf)
Salz, Pfeffer aus der Mühle
1 Bund Suppengemüse
1 große Zwiebel
1 Knoblauchzehe
3 EL Öl
1 TL mittelscharfer Senf
1 EL Mehl
1 TL frische Majoranblättchen
300 ml trockener Weißwein
ca. 300 ml Fleischbrühe

Für die Maroni
2 EL Butter
1 geh. EL Zucker
200 g gegarte geschälte Esskastanien (Maronen, vakuumverpackt oder im Glas; erhält man im gut sortierten Supermarkt)
200 ml Fleischbrühe
Majoran zum Garnieren

■ Lammhaxen abbrausen und trocken tupfen. Mit Salz und Pfeffer einreiben. Den Backofen auf 160 °C vorheizen. Suppengemüse waschen, putzen, in grobe Stücke schneiden. Zwiebel und Knoblauch abziehen, Zwiebel achteln, Knoblauch ganz lassen.

■ Öl in einem Schmortopf erhitzen, die Lammhaxen darin rundherum kräftig anbraten. Suppengemüse, Zwiebel, Knoblauch und Senf zufügen und kurz mitbraten. Mit Mehl bestäuben, Majoran einrühren. Wein und Brühe angießen, aufkochen lassen. Lamm zugedeckt im Ofen knapp 2 Stunden schmoren. Falls nötig, währenddessen noch Brühe oder Wasser nachgießen.

■ In einem breiten Topf 1 EL Butter erhitzen, den Zucker einrühren und karamellisieren lassen. Die Maronen zufügen, 1 Minute mit der Butter-Zucker-Mischung verrühren. Brühe angießen und aufkochen. Maronen zugedeckt 10 Minuten sanft köcheln lassen. Übrige Butter untermischen. Maronen warm stellen.

■ Lammhaxen aus dem Bratfond heben. Nach Belieben das Fleisch vom Knochen lösen und in Stücke schneiden. Die Sauce durch ein Sieb gießen und das Gemüse dabei gut ausdrücken. Sauce abschmecken. Haxen oder ausgelöste Fleischstücke zurück in die Sauce geben. Lamm mit glasierten Kastanien anrichten und mit Majoran garnieren. Dazu schmecken Rosenkohl und Kartoffeln.

Info
Lammfleisch ist für Bayern ebenso typisch wie Maronen, die Esskastanien. Der Freistaat ist im Übrigen das schafsreichste Bundesland und hat den größten Bestand an Rassen und Zuchttieren. Die Schäfer vermarkten das Fleisch vielfach unter verschiedenen Regionalmarken.

Geflügel – gefiederte Vielfalt

Wenn die Hühner in den Regen gehen, hält er lange an.
BAUERNREGEL

Geflügel – wertvolle Rassen

Jeden Sonntag ein Huhn im Topf – das war die berühmte Verheißung des französischen Königs Heinrich IV. vor über 400 Jahren für sein Volk. Die Verheißung der jüngsten Vergangenheit lautete, Geflügelfleisch so preiswert anbieten zu können, dass es nicht nur sonntags, sondern jederzeit und für jedermann verfügbar ist. Hühner wurden zu Spezialisten gezüchtet: Die einen legen seitdem Eier in Legebatterien, die anderen werden gemästet. Viele alte Geflügelrassen blieben auf der Strecke. Doch es gibt sie noch, die Geflügelhöfe, die auf eine artgerechte Freilandhaltung setzen. Wo Eier nicht am Fließband gelegt werden und Gockel noch Zeit haben, gesundes und festes Fleisch anzusetzen. Wo arteigenes Verhalten wie Scharren, Picken und Aufbaumen möglich ist, wo Auslauf und ausgewogenes Futter garantiert sind. Und es gibt sie noch, die Züchter, die altbewährte Geflügelrassen wiederbeleben und erhalten wie z. B. die sogenannten Zweinutzungshühner, bei denen unter artgerechten Bedingungen die Hennen köstliche Eier legen und die Gockel schmackhaftes Fleisch liefern. Als „Les Bleues" werden mittlerweile sogar jene traditionellen Zweinutzungshühner, die man in Frankreich als Bresse-Hühner kennt und deren Fleischqualität legendär ist, auch in Deutschland gezüchtet und angeboten.

Hohenloher Landgockel

Der Hohenloher Landgockel zeichnet sich durch die Wahl einer langsam wachsenden Rasse aus (ISA 757 oder Hubbard). Das junge Masthuhn bringt immerhin schon 1,2 Kilogramm auf die Waage. Als ausgewachsenes Tier aber weist der Hohenloher Landgockel stolze 3 bis 4 Kilogramm Gewicht auf. Das Fleisch ist besonders zart und saftig. Die Ernährung mit ausgewogenem pelletiertem Mastkorn der Demeter-Vertragsfuttermühle Kaisermühle in Gänheim, ergänzt durch hofeigenes Getreide, ergibt einen Wohlgeschmack, der dem Begriff Delikatesse eine neue Dimension verleiht und sich durchaus mit dem delikaten Geschmack der berühmten Bresse-Hühner aus Frankreich messen kann.

Diepholzer Gans

Sie ist eine der wenigen erhaltenen alten Rassen, ursprünglich aus Landgänsen der ehemaligen Grafschaft Diepholz zum Ende der 19. Jahrhunderts herausgezüchtet. Von der Statur her ist sie eher klein. Hinsichtlich der Futter- und Haltungsbedingungen ist sie überaus genügsam. Ihre Marschfähigkeit war früher für die Reise auf die Märkte in Bremen und sogar Köln von großer Bedeutung. Dank ihrer Robustheit hat sie sich neben der einsetzenden Hybridzüchtung der schwereren Rassen halten können. Heute wird sie wegen ihrer guten Eigenschaften sogar in der industriellen Zucht eingesetzt. Das Fleisch ist fest, zart und von hervorragendem Geschmack.

Deutsche Pute

Es war Know-how aus den USA, das deutschen Betrieben die Weiterzucht der weißen Pute ermöglichte. Sie wird regional vermehrt. Die deutsche Pute ist wegen ihres relativ fettarmen Fleisches und wegen des optimalen Fleisch–Knochen-Verhältnisses weit verbreitet. Sie lässt sich im Bio-Betrieb mit gutem Futter stabil aufziehen und auch im Freiland gut halten. Die 4 Wochen längere Mastdauer und das teure Futter macht die Bio-Pute zu einem hochwertigen Produkt in Naturkostläden und beim Bio-Metzger. Das Fleisch der Putenbrust ist hell und eher mild im Geschmack, das Keulenfleisch ist eher dunkel und kräftiger.

Mulardenente

Die Mulardenente ist eine Kreuzung aus der Pekingente und der Warzenente (auch Bauernente genannt). Sie ist wegen ihrer außerordentlichen Robustheit bestens für die bäuerliche Haltung und für den Weidegang geeignet. Diese Rasse wird gerne zur Mast gehalten, weil Ente und Erpel zur Schlachtreife im Alter von 12 bis 14 Wochen ein gleichmäßiges Gewicht von rund 4,5 Kilogramm erreichen. Die Mulardenente zeichnet sich durch viel saftiges und schmackhaftes Fleisch und vergleichsweise wenig Fett aus. Entenfleisch ist generell eher dunkel, weich, es ist aber dennoch bissfest und hat ein unverwechselbares Aroma.

Geflügelfleisch

Im Laufe unseres Lebens essen wir derzeit durchschnittlich 945 Hühner, 46 Puten, 37 Enten und 12 Gänse. Für die, die mehr wissen wollen, hier ein paar Fakten zum Hausgeflügel.

Das Huhn

Unterschieden wird je nach Gewicht, Alter und Geschlecht in

- **Hähnchen:** Kann ein männliches oder weibliches Huhn sein. Aus der schnellen Mast sind Hähnchen 5 bis 6 Wochen alt und haben ein Gewicht zwischen 800 und 1200 Gramm. Ein Bio-Hähnchen ist mindestens 11, besser 18 Wochen alt und kann auch mal 3 Kilo wiegen.
- **Poularde:** Ist fleischiger, daher auch schwerer und wiegt zwischen 1,5 und 2 Kilo. Bei der überwiegend mit Mais gefütterten Maispoularde sind Haut und Fleisch leicht gelblich gefärbt.
- **Suppenhuhn:** Ist meist eine bis zu 15 Monate alte Legehenne mit einem Gewicht von 1 bis 3 Kilo.

Die Pute

Auch Truthahn genannt, ist das größte und schwerste Hausgeflügel. Die Pute bietet gleichzeitig zartes helles Brustfleisch wie auch kräftiges dunkleres Keulenfleisch. Aus artgerechter Haltung am besten:

- **Baby-Pute:** Mit ihren 2 bis 3 Kilo Gewicht ideal zum Braten im Ganzen, ohne oder mit Füllung.
- **Bio-Pute:** Ist mindestens 20 Wochen alt, dann 9 bis 12 Kilo schwer.

Die Ente

Bratfertig verkauft wird sie ganzjährig mit einem Gewicht zwischen 1,5 und 4 Kilo. Angeboten werden bei uns meist

- **Bauernente:** Auch Peking- oder Hausente genannt. Sie hat am meisten Fett unter der Haut.
- **Flugente:** Ihre bekannteste Vertreterin ist die Barbarie-Ente. Mit viel Brustfleisch, wenig Fett und einem feinen Eigengeschmack.
- **Mulardente:** Eine Kreuzung aus Pekingente und Warzenente (auch Bauernente genannt). Wiegt mit 12 bis 14 Wochen rund 4,5 Kilo und hat saftiges aromatisches Fleisch.

Die Gans

Als einziges Hausgeflügel hat sie noch so etwas wie Hauptsaison, die geht von Kirchweih über St. Martin bis Weihnachten. Am besten schmeckt Gans mit einem Bratgewicht von 4 bis 5 Kilo. Dann ist sie weder zu mager, noch zu fett. Die Unterschiede:

- **Junge Gans:** Um die 9 Monate alt mit einem Gewicht von 4 bis 6 Kilo.
- **Bio-Gans:** Ist mindestens 20 Wochen alt und wiegt etwa 4 Kilo.
- **Bio-Weidegans:** Darf 5 bis 7 Monate alt werden, wiegt von 3,5 bis 5,5 Kilo.
- **Weidemastgans:** Wiegt mit 5 bis 8 Monaten zwischen 4 und 6 Kilo.

Teilstücke von Geflügel und ihre Verwendung

Unser heimisches Hausgeflügel wird überwiegend frisch angeboten. Im Ganzen wird es gerne auch mal im Ofen knusprig gebraten. Teilstücke von Huhn, Pute, Ente und Gans gibt es zwar nur wenige, die aber können sehr abwechslungsreich zubereitet werden.

Die Brust

Vom Hausgeflügel das begehrteste und zarteste Stück. Man kann es entweder samt dem Brustbein kaufen oder bereits ausgelöst als Brustfilet. Das zarte Fleisch immer schonend und kurz garen, da es zum Trockenwerden neigt. Geflügelbrust im Ganzen oder geschnetzelt wie gewürfelt eignet sich zum Kurzbraten wie zum Schmoren, ebenso zum Pochieren und Niedrigtemperatur-Garen.

Die Keulen

Sie bestehen aus dem fleischigen Ober- und Unterschenkel. Von Ente und Gans werden sie komplett angeboten, von Huhn und Pute auch getrennt. Grundsätzlich eignet sich das aromatische Fleisch der Keulen zum Braten und Schmoren wie zum Pochieren und Niedrigtemperatur-Garen.

Die Flügel

Sie spielen nur von Huhn und Pute eine Rolle. Die eher fleischarmen Flügel werden meist knusprig gebraten oder gegrillt und sind beliebt als Fingerfood.

Einkauf

Achten Sie beim Kauf auf die Bezeichnung. Nur Begriffe wie „Extensive Bodenhaltung“, „Freilandhaltung“, und „Bäuerliche Freilandhaltung“ sind gesetzlich geschützte Kennzeichnungen und stehen für artgerechte Haltung. Biogeflügel erkennt man an den Bezeichnungen „Bio“ und „Öko“. Lassen Sie sich nicht irritieren durch andere Formulierungen wie „tiergerechte Haltung“ oder „bäuerliche Aufzucht“.

Aufbewahrung

Frisches Geflügelfleisch zu Hause sofort in Beutel oder Box verpacken und gut verschließen (siehe Hygiene). Im Kühlschrank auf der Glasplatte über dem Gemüsefach aufbewahren. Geflügelteile spätestens nach 2 Tagen zubereiten, Geflügel im Ganzen nach 3 Tagen.

Hygiene

Frischgeflügel ist besonders empfindlich und bietet Krankheitserregern, besonders Salmonellen, guten Nährboden. Deshalb Geflügelfleisch nie roh essen und immer durchgaren (siehe Garzeiten). Beim Umgang mit Geflügel vorsichtshalber alle benutzten Küchenutensilien und die Hände heiß und gründlich waschen bevor andere Lebensmittel berührt werden.

Garzeiten

Sie lassen sich nicht minutengenau vorhersagen, weil sie davon abhängig sind, welche Teile zubereitet werden und wie schwer bzw. dick diese Teile sind. Geflügelfleisch ist gar, wenn sich beim Einstechen klarer Fleischsaft zeigt oder sich das Fleisch leicht vom Knochen löst oder das Fleischthermometer eine Kerntemperatur von mindestens 80 °C anzeigt.

Gockel, Gans und Putenbrust

Prächtige Braten, leichte Küche, feines Fingerfood

Hühnerbrühe

Grundrezept
Für ca. 2 l Brühe

1 Zwiebel
1–2 Bund Suppengemüse (aus Lauch, Knollensellerie, Möhre und Petersilienwurzel)
5 Stiele Petersilie
1 Zweig Thymian
1 frisches, küchenfertig vorbereitetes Suppenhuhn (ca. 1,5 kg)
1 Lorbeerblatt
1 Gewürznelke
10 schwarze Pfefferkörner
1 TL Salz

■ Zwiebel abziehen, grob würfeln. Suppengemüse putzen, waschen und grob zerteilen. Petersilie und Thymian waschen und trocken schütteln. Suppenhuhn innen und außen waschen, in den Topf legen. Zwiebel, Gemüse, Kräuter und Gewürze zufügen. Mit etwa 2,5 l kaltem Wasser aufgießen. Aufkochen. Die Temperatur reduzieren, so dass die Brühe nur noch ganz leicht köchelt. Das Huhn mit halb aufgelegtem Deckel etwa 1,5 Stunden sieden lassen. Dabei den entstehenden Schaum immer wieder abschöpfen, damit die Brühe klar bleibt.

■ Huhn vorsichtig aus der Brühe heben. Brühe durch ein feines Sieb oder ein Küchentuch in ein anderes Gefäß gießen. Mit Salz abschmecken. Hühnerbrühe sofort verwenden oder für den Vorrat abkühlen lassen, eventuell entfetten und portionsweise einfrieren. Vom Huhn Haut und Knochen entfernen und das Fleisch als Einlage oder für ein anderes Gericht verwenden.

Frikassee vom Huhn

Hauptgericht
Für 4–6 Portionen

1 Rezept Hühnerbrühe (mit Hühnerfleisch, siehe oben)
10 g getrocknete Morcheln (nach Belieben)
20 g Butter
20 g Mehl
Salz, Pfeffer aus der Mühle
200 g kleine Champignons
100 g Sahne oder Crème fraîche
250 g junge TK-Erbsen
frisch gemahlene Muskatnuss
2–4 TL Zitronensaft

■ Die Hühnerbrühe zubereiten. Danach von der Brühe 500 ml für die Sauce abmessen und kalt werden lassen. Übrige Brühe anderweitig verwenden. Vom leicht abgekühlten Huhn Haut und Knochen entfernen und das Fleisch in mundgerechte Stücke schneiden.

■ Die Morcheln mindestens 30 Minuten in lauwarmem Wasser einweichen. Für die Sauce in einem breiten Topf die Butter aufschäumen. Mehl zufügen und unter Rühren darin hellgelb anschwitzen. Nach und nach unter ständigem Rühren die Hühnerbrühe zugießen. Mit dem Schneebesen glatt rühren und die Sauce 5–10 Minuten bei kleiner Hitze köcheln lassen. Mit Salz und Pfeffer würzen.

■ Eingeweichte Morcheln längs halbieren und unter fließendem kalten Wasser gründlich abbrausen. Die Champignons mit feuchtem Küchenpapier behutsam abreiben, die Stielenden abschneiden und die Pilze halbieren. Sahne oder Crème fraîche in die Sauce rühren. Alle Pilze, die Erbsen und das Hühnerfleisch zugeben. Das Ganze aufkochen und 4-5 Minuten sanft köcheln lassen. Hühnerfrikassee mit Salz, Pfeffer, Muskat und Zitronensaft abschmecken. Dazu schmeckt körnig gegarter Reis.

Info
Hühnerfrikassee zählt zu den Küchen-Klassikern, ist aber kein Rezept für Eilige – egal, für welche Variante man sich entscheidet. Das Originalrezept „Berliner Hühnerfrikassee“ aus den Goldenen Zwanziger Jahren wurde zum Beispiel sehr edel mit frischen Morcheln, Spargelspitzen und Krebsen zubereitet.

Im alten Obst- und Gemüsegarten der Hansestadt

Der Hof Eggers im Südosten Hamburgs

Inmitten der „Vier- und Marschlande“ duckt sich der reetgedeckte, prächtige Hof Eggers an eine kleine Baumgruppe. Das ausgerechnet hier ein urkundlich erstmals bereits im 13. Jahrhundert erwähntes Gehöft steht, verwundert nicht: Die weite, offene, von Wiesen und Feldern geprägte und von Prielen durchzogene Naturlandschaft im Südosten Hamburgs galt lange Zeit als der Obst- und Gemüsegarten der Hansestadt.
Mittlerweile hat sich auf dem seit 1942 denkmalgeschützten Hof ein Generationenwechsel vollzogen. Georg Eggers und seine Frau Christine, die mehr als 40 Jahre den Hof bewirtschafteten, haben 2012 die Leitung des Bioland-Betriebes in die Hände ihres Neffen Henning Beeken und seiner Frau Norma gelegt.
Das hört sich selbstverständlicher an als es war. Henning Beeken ist nämlich kein Agrar-, sondern gelernter Gartenbauingenieur. Und seine Frau Norma keine an Wind und Wetter gewöhnte norddeutsche „Deern“, sondern gebürtige Mexikanerin. Kennengelernt hatten sich die beiden, als Henning Beeken nach dem Studium für einen Gartenbaubetrieb in Mexiko arbeitete. 2005 übersiedelten beide von Mittelamerika an die Elbe.
Auf Hof Eggers ist immer etwas los. Rund 60 Rinder, 50 Schweine, 120 Gänse und zehn Diepholzer Moorschnucken bevölkern den Hof. Die hofeigenen Produkte werden größtenteils direkt ab Hof verkauft. Gemeinsam mit den übrigen Mitgliedern der vielköpfigen Familie organisiert man auf Hof Eggers aber auch noch Hoffeste, Backtage, Führungen und betreibt ein lebendiges Hofcafé. Wie gesagt: Es ist immer etwas los auf Hof Eggers.

Gänsekeulen mit Mischobst

Hauptgericht
Für 4 Portionen

4 Gänsekeulen à ca. 400 g
Salz, Pfeffer aus der Mühle
4 Schalotten
1/2 TL Majoran
400 ml Gänse- oder Geflügelfond
100 g getrocknetes Mischobst (z. B. Pflaumen, Äpfel, Birnen, Aprikosen)
200 ml trockener Weißwein
2 Wacholderbeeren
2–3 TL Apfelessig

Info
Ein Gericht, in dem sich die landwirtschaftlichen Erzeugnisse von Hof Eggers und der Umgebung vor den Toren Hamburgs symbiotisch vereinen: die Keulen von den hofeigenen Gänsen und die Früchte aus dem ehemaligen „Obstgarten Hamburgs".

■ Den Backofen auf 200 °C vorheizen (Umluft nicht empfehlenswert). Die Gänsekeulen mit Salz und Pfeffer einreiben. Schalotten abziehen, längs viertel. Einen Bräter auf der Kochstelle erhitzen. Die Keulen bei mittlerer Hitze mit der Hautseite nach unten 8–10 Minuten anbraten. Keulen wenden, 5 Minuten weiterbraten, wieder umdrehen. Schalotten zufügen und glasig werden lassen.

■ Ausgebratenes Fett abschöpfen. Majoran zum Fleisch geben, 200 ml Fond in den Bräter gießen. Gänsekeulen im Ofen (2. Schiene von unten) zunächst 50 Minuten braten. Wenn nötig, noch Fond zugießen.

■ Inzwischen das Mischobst in Stücke schneiden. In einer Schüssel mit 150 ml Wein übergießen und quellen lassen. Wacholderbeeren mit der Breitseite des Messers andrücken.

■ Mischobst, Wacholderbeeren sowie restlichen Fond und Wein zu den Keulen geben. Das Ganze weitere 25–35 Minuten schmoren, bis das Keulenfleisch weich ist. Die Sauce mit Salz, Pfeffer und Apfelessig abschmecken. Dazu schmecken Salzkartoffeln.

Hühnersuppe à la Mutter Szwillus

Hauptgericht
Für 4–6 Portionen

1 frisches Suppenhuhn oder
1 frische Poularde (1,2–1,5 kg; küchenfertig vorbereitet)
1 kleine Zwiebel
1 Stück frischer Ingwer (ca. 1 cm)
1 Zweig Thymian
1 Lorbeerblatt
10 schwarze Pfefferkörner
1 Möhre
1 Stück Knollensellerie (ca. 150 g)
1 kleine Stange Lauch
1 Petersilienwurzel
100 g Suppennudeln
Salz, Pfeffer aus der Mühle
1 Tomate
200 g feine TK-Erbsen
etwas Zitronensaft

■ In einem großen Suppentopf etwa 2,5 l Wasser zum Kochen bringen. Inzwischen vom Huhn das Fett in der Bauchhöhle und den Bürzel entfernen. Huhn innen und außen waschen. Zwiebel waschen, ungeschält halbieren und mit den Schnittflächen nach unten in einer Pfanne bei starker Hitze goldbraun rösten. Ingwer schälen, in Scheiben schneiden. Thymian waschen.

■ Zwiebel mit Lorbeer, Pfefferkörnern, Ingwer und Thymian und anschließend das Huhn ins kochende Wasser geben. Erneut aufkochen, dann bei kleiner Hitze zugedeckt 45 (Poularde) bis 60 (Suppenhuhn) Minuten sanft köcheln lassen. Dabei ab und zu den entstehenden Schaum abschöpfen. Das Huhn in der Brühe abkühlen lassen.

■ Möhre, Sellerie, Lauch und Petersilienwurzel waschen, putzen und in Stücke schneiden. Huhn aus der Brühe heben. Brühe nach Belieben entfetten. Dann durch ein Sieb in einen zweiten Topf gießen und wieder aufkochen lassen. Salzen. Vorbereitetes Wurzelgemüse zufügen und 15–20 Minuten garen. Für die letzten 5 Minuten die Erbsen zufügen.

■ Während das Gemüse köchelt, die Nudeln in kochendem Salzwasser nach Packungsangabe garen. Vom Huhn Haut und Knochen entfernen. Hühnerfleisch in mundgerechte Stücke schneiden. Tomate mit kochendem Wasser übergießen, häuten, halbieren, entkernen und würfeln.

■ Nudeln abgießen und abtropfen lassen. Mit dem Hühnerfleisch und den Tomatenwürfeln in die Brühe geben, alles heiß werden lassen. Die Suppe mit Salz und eventuell etwas Zitronensaft abschmecken.

Info
Hühnersuppe schmeckt nicht nur köstlich, sie gilt auch als altes Hausmittel, dem allerlei kräftigende und heilende Wirkung nachgesagt wird. In meiner Familie kochen alle Tanten und Cousinen regelmäßig Hühnersuppe – und jede hat dafür ihr eigenes Rezept.

Hier kräht der Hohenloher Landgockel

Der Brunnenhof in Künzelsau-Mäusdorf

Auf den weitläufigen malerischen Streuobstwiesen des Brunnenhofes von Caroline von Wistinghausen-Noz und Maik Noz mitten in der Genießerregion Hohenlohe lässt es sich gut leben, vor allem als Pute oder Landgockel. Wie weiße Federbälle verteilt liegen die Tiere im Schatten der Bäume und ruhen sich aus. Oder sie laufen umher und picken seelenruhig nach allem, was ihnen vor den Schnabel kommt.

Und das hat Tradition: Bereits 1967 hatten die Eltern von Caroline Noz den Hof übernommen, ein für die Region typisches Pfarrer-Meyer-Haus aus der Zeit um 1860. Hier Puten zu halten, bot sich damals geradezu an: Im nahegelegenen Kurort Bad Mergentheim stieg der Bedarf des diätetisch beliebten Putenfleisches beständig. Und auch in Stuttgart kam man auf den Geschmack.

Heute gehören neben den mittlerweile rund 2000 Puten auch 14 Kühe mit Kälbern zu dem nach Demeter-Richtlinien bewirtschafteten Betrieb. Und natürlich gut 2000 Hohenloher Landgockel, mit deren herausragender Fleischqualität der Brunnenhof sich in der regionalen Gastronomie und weit über das Hohenloher Land hinaus einen Namen gemacht hat.

Fleisch und Wurstwaren aus der eigenen und mittlerweile EU-zertifizierten Geflügelschlachterei erhält man direkt ab Hof, in Metzgereien und Hofläden der Region oder in der Biomarkthalle der BESH am Vogelsang in Stuttgart – sowie in einigen Naturkostläden und Verkaufsstellen mehr zwischen Bodensee und Berlin.

Puten-Medaillons im Brösel-Nussmantel

HAUPTGERICHT
FÜR 4 PORTIONEN

8 Puten-Medaillons à 70–80 g (aus dem Brustfilet)
Salz, Pfeffer aus der Mühle
2 Eier
2 EL fein gemahlene Nusskerne (z. B. Walnüsse, Haselnüsse)
1 EL gehackte Petersilie
2 EL Mehl
3 EL Semmelbrösel
2 EL Butterschmalz

Info
Ein Rezept, das die Familie von Wistinghausen-Noz liebt und auf Nachfrage oft und gerne an ihre Kundschaft weitergibt.

■ Die Puten-Medaillons falls nötig zwischen zwei Lagen Frischhaltefolie mit dem Handballen oder dem Plattiereisen sanft klopfen, bis sie gleichmäßig dick sind. Fleisch trocken tupfen und rundum mit Salz und Pfeffer würzen.

■ Die Eier mit den Nüssen und der Petersilie in einen hohen Rührbecher geben und mit einem Pürierstab durchmixen. Den Eier-Mix in einen tiefen Teller füllen. Mehl in einen zweiten Teller geben und die Semmelbrösel in einen dritten.

■ Medaillons jeweils zuerst im Mehl wenden und überschüssiges Mehl abschütteln. Fleisch danach durch den Eier-Mix ziehen und zum Schluss in den Bröseln wenden.

■ Butterschmalz in einer großen beschichteten Pfanne erhitzen. Die Medaillons darin bei mittlerer Hitze in insgesamt 6–8 Minuten goldgelb braten. Aus der Pfanne heben und auf mehreren Lagen Küchenpapier kurz abtropfen lassen. Warm servieren. Dazu schmecken Bandnudeln, vermischt mit etwas Butter und mit gedünsteten Möhren, die vorher in lange und breite Streifen geschnitten wurden.

Brathähnchen

HAUPTGERICHT
FÜR 2–3 PORTIONEN

1 küchenfertig vorbereitetes, fleischiges Bio-Brathähnchen von ca. 1,4 kg
Salz, Pfeffer aus der Mühle
1 Bio-Zitrone
2 Zweige Rosmarin oder Salbei
4 Stiele Petersilie
2 EL Zitronensaft
2 EL Olivenöl + Öl für den Rost
150 ml Hühnerbrühe (s. S. 160) oder Geflügelfond
Außerdem: Holzspießchen, Küchengarn

■ Den Backofen auf 180 °C vorheizen (Ober- und Unterhitze). Das Hähnchen innen und außen kalt waschen und trocken tupfen. Innen salzen und pfeffern. Die Zitrone heiß waschen und vierteln. Kräuter waschen, trocken schütteln. Kräuter und Zitrone in die Bauchhöhle legen. Abstehende Teile wie Keulen und Flügel mit Küchengarn zusammenschnüren und am Körper festbinden. Hähnchen außen salzen, pfeffern und mit 1 EL Olivenöl rundum bepinseln.

■ Den Rost einfetten. Hähnchen mit der Brust nach oben auf den Rost legen und über der tiefen Fettpfanne im Ofen (Mitte) 50–60 Minuten knusprig braten, dabei ab und zu mit dem übrigen Öl bepinseln. Gegen Ende der Garzeit die Garprobe machen. Dafür mit einer Nadel oder einem Metallspießchen eine Keule an der dicksten Stelle einstechen. Ist der austretende Fleischsaft klar, ist das Geflügel gar. Tritt aber trüber oder rötlicher Fleischsaft aus, das Hähnchen weitere 5–10 Minuten braten. Dann die Garprobe an der anderen Keule wiederholen.

■ Brathähnchen aus dem Ofen nehmen, vom Garn befreien, noch kurz ruhen lassen. Inzwischen den Bratensatz in der Fettpfanne mit Brühe oder Fond loskochen, entfetten, durch ein Sieb gießen und als klare Sauce zum Fleisch reichen. Zum Servieren das Hähnchen in Portionstücke teilen. Dazu schmecken gemischter Blattsalat und knuspriges Weißbrot.

Varianten

■ Für ein Kräuter-Brathähnchen 1 TL abgeriebene Bio-Zitronenschale mit 2 EL beliebigen, grob gehackten Kräutern mischen. Die Haut an Brust und Keulen an mehreren Stellen mit einem Messer einschneiden und mit den Fingern behutsam lösen. Zitronen-Kräuter-Mix unter der Haut verteilen. Hähnchen braten wie beschrieben.

■ Für ein Knoblauch-Brathähnchen 4–5 kleine Knoblauchzehen abziehen und in etwa 0,5 cm dicke Scheiben schneiden. Wie beim Kräuter-Hähnchen beschrieben den Knoblauch unter der Haut verteilen und das Hähnchen braten.

HAUPTGERICHT
FÜR 3–4 PORTIONEN

Poularde in Riesling

1 küchenfertig vorbereitete Poularde (ca. 1,5 kg; alternativ 3–4 große Hähnchenkeulen)
Salz, Pfeffer aus der Mühle
2 EL Mehl zum Wenden
je 2 EL Öl und Butter
100 ml Hühnerbrühe (s. S. 160) oder Geflügelfond (Glas)
250 ml trockener oder halbtrockener Rheingau-Riesling
250 g dünne Bundmöhren
1 Bund Frühlingszwiebeln
150 g frische Champignons
100 g Sahne
100 g Crème fraîche
1 TL Zucker
einige beliebige Kräuterblättchen zum Bestreuen

Info
Der Rheingau als Weinbauregion ist besonders bekannt für seinen Riesling. Dieser Wein steht wie kein anderer für die deutsche Weinkultur. Und so wundert es nicht, dass der Weißwein auch in der Küche als Zutat verwendet wird – wie bei diesem beliebten Rezept aus Hessen.

■ Die Poularde in 8–10 Portionsstücke teilen. Mit Salz und Pfeffer einreiben und in Mehl wenden. Das Öl und 1 EL Butter in einem Bräter erhitzen, die Hühnerteile darin rundherum kräftig anbraten. Wieder herausnehmen. Den Bratensatz mit Brühe oder Fond und 200 ml Wein ablöschen und aufkochen lassen. Hühnerteile mit der Hautseite nach oben wieder einlegen, das Lorbeerblatt dazugeben. Poularde zugedeckt bei schwacher Hitze etwa 45 Minuten schmoren.

■ Inzwischen die Möhren putzen und schälen. In kochendem Salzwasser 4 Minuten blanchieren. Abtropfen lassen. Frühlingszwiebeln waschen, putzen und längs dritteln. Champignons putzen, große Pilze halbieren.

■ Hühnerteile aus der Sauce heben, warm halten. Den Schmorfond nach Belieben entfetten, durch ein Sieb in einen Topf gießen. Sahne, Crème fraîche und den übrigen Riesling in den Fond rühren und offen bei starker Hitze sämig einkochen lassen. Mit Salz und Pfeffer abschmecken. Poulardenstücke in die Riesling-Sauce legen, heiß werden lassen.

■ Währenddessen in einer großen Pfanne die übrige Butter erhitzen. Das Gemüse darin unter gelegentlichem Wenden 5 Minuten dünsten. Mit Zucker bestreuen und kurz karamellisieren lassen. Salzen und pfeffern. Gemüse mit den Hühnerteilen anrichten, mit Sauce beträufeln und mit Kräutern garniert servieren. Dazu schmecken Kartoffeln.

Hähnchenbrustfilet mit Röstihaube

HAUPTGERICHT
FÜR 2 PORTIONEN

500 g dünne Lauchstangen
6-8 Cocktailtomaten
1 1/2 EL Butter + Butter zum Einfetten
Salz, Pfeffer aus der Mühle
300 g mehligkochende Kartoffeln
1 Ei
frisch geriebene Muskatnuss
2 Hähnchenbrustfilets (à ca. 150 g)
1 EL Kräuterfrischkäse
1 EL Zitronensaft
100 ml Hühnerbrühe (s. S. 160)
1 TL frische Thymianblättchen

■ Backofen auf 180 °C vorheizen. Den Lauch putzen, dabei die harten äußeren Blätter entfernen. Lauch gründlich waschen, weiße und hellgrüne Teile schräg in 1 cm dicke Scheiben schneiden. Tomaten waschen, putzen und halbieren. Beides in eine gefettete große ofenfeste Form geben, salzen und pfeffern. Kartoffeln schälen, waschen, grob reiben und die Masse gut ausdrücken. Mit dem Ei vermischen und mit Salz, Pfeffer und Muskat würzen.

■ Hähnchenbrustfilets jeweils waagerecht halbieren. Das Fleisch trocken tupfen, rundum salzen und pfeffern. Rundum mit Frischkäse bestreichen und mit Zitronensaft beträufeln. Filetscheiben nebeneinander auf das Gemüse legen und die Kartoffelmasse darauf verteilen. Brühe am Rand der Form zugießen. Das Geflügel im Ofen (Mitte) 40 Minuten garen.

■ Etwa 5 Minuten vor Garzeitende die Butter aufschäumen, den Thymian einrühren. Die Kartoffelhaube damit beträufeln. Backofen auf die höchste Temperatur (oder Grillstufe) stellen und die Röstihaube goldgelb und knusprig werden lassen.

Hähnchenkeule mit Apfel-Linsen-Gemüse

Hauptgericht
Für 4 Portionen

4 Hähnchenkeulen à 300 g
Salz, Pfeffer aus der Mühle
2 EL mittelscharfer Senf
1 Schalotte
2 säuerliche rotschalige Äpfel à ca. 200 g
1 EL Butterschmalz
200 ml Hühnerbrühe (s. S. 160) oder Geflügelfond (Glas)
ca. 100 ml Apfelsaft
200 g getrocknete rote Linsen
1 EL grob gehackte Petersilie

■ Die Hähnchenkeulen jeweils am Gelenk durchtrennen. Nach Belieben häuten. Trocken tupfen. Salzen, pfeffern und mit Senf dünn bestreichen. Schalotte abziehen, klein würfeln. Die Äpfel waschen, halbieren, entkernen und in Spalten schneiden.

■ Schmalz in einem Bräter erhitzen, die Apfelspalten darin beidseitig goldgelb braten. Herausheben und beiseite stellen. Geflügelstücke im Bratfett 5 Minuten rundherum anbraten. Schalotte zu den Keulen geben und glasig werden lassen. Mit Brühe oder Fond und Apfelsaft ablöschen. Aufkochen und das Fleisch zugedeckt bei kleiner Hitze je nach Größe 30–40 Minuten schmoren. Falls nötig, noch Saft zugießen.

■ Etwa 10 Minuten vor Garzeitende die Linsen verlesen, in einem Sieb kalt abspülen und abtropfen lassen. Apfelspalten und Linsen zum Geflügel geben. Zusammen noch 8–9 Minuten garen, bis die Linsen gerade gar sind. Das Ganze mit Salz und Pfeffer abschmecken und mit Petersilie bestreut servieren.

Schnitzel & Spargelsalat

Salat/Snack
Für 2 Portionen

300 g weißer oder grüner Spargel
2 EL Himbeeressig
2 EL Orangensaft
1 TL Ahornsirup
1 TL Senf
Salz, Pfeffer aus der Mühle
2 EL Sonnenblumenöl + Öl zum Einpinseln
1 Romanaherz
1 Bund Rucola
1/2 Bund Radieschen
1 Putenschnitzel à 200 g

■ Den Spargel waschen und schälen. Holzige Enden abschneiden. Spargelstangen schräg in sehr dünne Scheiben schneiden. Essig mit Orangensaft, Ahornsirup, Senf, Salz, Pfeffer und Öl kräftig verrühren. Die Marinade abschmecken. Spargelscheiben untermischen und kurz marinieren.

■ Salat und Rucola waschen, putzen und trocken schütteln, die Blätter in kleinere Stücke zupfen. Radieschen waschen, putzen und in Scheiben schneiden.

■ Putenschnitzel trocken tupfen, salzen und pfeffern. Eine Grillpfanne auf mittlere Stufe erhitzen, mit etwas Öl einpinseln und das Fleisch darin auf jeder Seite etwa 2 Minuten braten. Fleisch in dünne Streifen schneiden. Salate, Radieschen und Putenstreifen mit dem Spargel samt Marinade mischen. Abschmecken und sofort genießen.

Flügel mit Paprika-Dip

Hauptgericht
Für 4 Portionen

12 Hähnchenflügel (ca. 1 kg)
2 EL Öl
1 große Zitrone
2 EL mittelscharfer Senf
2 TL Ahornsirup
Salz, Pfeffer aus der Mühle
2 Knoblauchzehen
4 EL Tomatenketchup
3 EL Ajvar (scharfe Paprikapaste)
Cayennepfeffer

■ Den Backofengrill auf höchste Stufe vorheizen. Die Hähnchenflügel trocken tupfen. Eine große flache feuerfeste Form dünn einölen. Die Zitrone auspressen. Restliches Öl mit Senf, 4 EL Zitronensaft, Ahornsirup, Salz und Pfeffer verrühren. Den Knoblauch schälen, 1 Zehe dazupressen. Die Hähnchenflügel rundum mit der Marinade bestreichen, in die Form legen. Im Backofen auf der zweiten Schiene von unten 14–16 Minuten knusprig grillen, dabei einmal wenden.

■ In der Zwischenzeit für den Dip Tomatenketchup und Ajvar verrühren. Den restlichen Knoblauch dazupressen. Den Paprikadip mit Zitronensaft, Salz und Cayennepfeffer abschmecken. Die Hähnchenflügel heiß mit dem Paprika-Dip servieren.

Gefüllte Pute

Hauptgericht
Für 6 Portionen

200 ml Milch
200 g Brötchen vom Vortag (4–5 Stück)
1 Bund Frühlingszwiebeln
200 g frische Waldpilze (z. B. Pfifferlinge, Maronenpilze, Steinpilze)
1 EL Butter
1 Ei
Salz, Pfeffer aus der Mühle
1 Bund Suppengemüse
2 Lorbeerblätter
1 bratfertige vorbereitete Babypute von ca. 3 kg (am besten in Bio-Qualität)
100 g Frühstücksspeck
600 ml Waldpilz- oder Geflügelfond
Außerdem: Holzspießchen

■ Für die Brotfüllung die Milch erhitzen. Brötchen würfeln, mit der heißen Milch übergießen und 20 Minuten ruhen lassen. Inzwischen die Frühlingszwiebeln waschen, putzen und in Ringe schneiden. Pilze putzen und grob hacken. Butter erhitzen, Lauchzwiebeln und Pilze darin andünsten. Zu den Brötchen geben. Das Ei zufügen. Alles gründlich vermischen und die Füllung kräftig mit Salz und Pfeffer abschmecken.

■ Backofen auf 190 °C vorheizen (Ober- und Unterhitze). Pute innen und außen waschen, trocken tupfen, salzen und pfeffern. Füllung in die Pute geben, die Öffnung mit Holzspießchen zustecken. Pute dressieren, also Flügel und Keulen mit Küchengarn am Körper festbinden.

■ Suppengemüse waschen, putzen und würfeln. Mit dem Lorbeer in einen Bräter geben. Pute obenauf setzen und mit Frühstücksspeck belegen. 300 ml Fond zugießen. Pute im offenen Bräter im Ofen (2. Schiene von unten) zunächst 1,5 Stunden braten, dabei nach 20 Minuten mit Alufolie abdecken. Während der Bratzeit nach und nach mit dem übrigen Fond begießen.

■ Das Geflügel aus dem Ofen nehmen, die Folie und den Speck entfernen. Die Pute umdrehen. Wieder im offenen Bräter in den Ofen stellen und weitere 60–90 Minuten braten, immer wieder mit der Flüssigkeit im Bräter begießen. Pute aus dem Bräter heben, warm stellen. Bratenfond durch ein Sieb gießen, nach Belieben mit einer Fett-Trennkanne entfetten und abschmecken. Dazu schmeckt mit Haselnussbutter beträufeltes Rosenkohlgemüse.

Info
Das Fleisch ist gar, wenn das Fleischthermometer eine Kerntemperatur von 80–90 °C anzeigt. Zum Messen das Thermometer am besten zwischen Rumpf und Keule einstechen. Es darf nicht auf einem Knochen aufliegen.

Tipp
Zum Tranchieren die Pute auf ein großes Schneidbrett mit Saftrille setzen. Mit einem scharfen Messer Flügel und Keulen abtrennen. Brustfilets von den Knochen lösen und schräg in Scheiben schneiden. Ausgetretenen Fleischsaft unter den Bratenfond rühren.

Ragout mit Aprikosen

Hauptgericht
Für 4 Portionen

80 g getrocknete Soft-Aprikosen
600 g Putenbrustfilet
2 kleine Zwiebeln
2 kleine feste Zucchini (nach Belieben)
1 EL Butterschmalz
Salz, Pfeffer aus der Mühle
1/2 TL Currypulver
300 ml Hühnerbrühe (s. S. 160) oder Gemüsebrühe
1 TL mittelscharfer Senf
150 g Kochsahne (15 % Fett)
1 TL Speisestärke
1 EL beliebige Kräuterblättchen

■ Getrocknete Aprikosen der Länge nach halbieren oder vierteln. Das Putenbrustfilet in gleichmäßig große Würfel schneiden, trocken tupfen. Die Zwiebeln abziehen, längs vierteln und in die einzelnen Schichten teilen. Zucchini waschen, putzen und in Stifte schneiden.

■ Butterschmalz in einer großen Pfanne erhitzen, das Fleisch darin portionsweise bei starker Hitze 2–3 Minuten braun anbraten. Salzen, pfeffern, aus der Pfanne heben und beiseite stellen. Zwiebeln und Zucchini im Bratfett unter Rühren kurz anbraten. Mit Curry bestäuben. Aprikosen unterrühren. Fleisch wieder in die Pfanne geben. Brühe und Senf zufügen. Aufkochen und zugedeckt 15 Minuten leicht köcheln lassen.

■ Sahne mit Stärke glatt rühren und zum Fleisch geben. Alles noch 2 Minuten köcheln lassen. Ragout mit Salz und Pfeffer abschmecken. Zum Servieren mit Kräuterblättchen bestreuen.

Keule mit Weinkraut

Hauptgericht
Für 6 Portionen

1 kg Putenoberkeule ohne Haut und Knochen (am besten in Bio-Qualität)
2 Lorbeerblätter
4 Wacholderbeeren
1 TL Kümmelsamen
2 Pimentkörner
Salz, Pfeffer aus der Mühle
2 Zwiebeln
2 säuerliche Äpfel
2 EL Butterschmalz
1 Dose Weinsauerkraut (800 g)
ca. 250 ml Gemüsebrühe
5 Scheiben Frühstücksspeck
150 g kernlose blaue Weintrauben
1 EL gehackte Petersilie

■ Backofen auf 180 °C vorheizen. Die Keule trocken tupfen. Lorbeerblätter in Stücke brechen, mit Wacholder, Kümmel und Piment in einem Mörser fein zerstoßen. Etwas Salz untermischen. Das Fleisch mit dem Gewürzmix einreiben. Zwiebel abziehen und würfeln. Äpfel schälen, halbieren, entkernen und in Spalten schneiden.

■ Butterschmalz im Bräter erhitzen. Zwiebel und Äpfel darin kurz andünsten, die Keule darauf legen. Etwa 200 ml Brühe angießen. Das Weinkraut auflockern und auf der Putenkeule verteilen. Mit den Speckscheiben belegen. Putenkeule zugedeckt im Ofen 90 Minuten garen. Falls nötig noch Brühe zugießen.

■ Bräter aus dem Ofen nehmen. Speckscheiben entfernen und das Kraut von der Keule in den Bräter schieben. Keule herausnehmen, in Alufolie einschlagen und auf dem Backblech im ausgeschalteten Ofen 15 Minuten ruhen lassen. Weintrauben waschen und halbieren. Weinkraut mit den anderen Zutaten im Bräter vermischen. Petersilie und Weintrauben unterrühren, Kraut mit Salz und Pfeffer abschmecken. Das Fleisch in Scheiben schneiden und mit dem Weinkraut servieren. Dazu schmeckt Kartoffelpüree.

Entenkeulen mit dreierlei Rübchen aus dem Römertopf

HAUPTGERICHT
FÜR 4 PORTIONEN

4 Entenkeulen à ca. 300 g
Salz, Pfeffer aus der Mühle
150 ml Entenfond oder Hühnerbrühe (s. S. 160)
500 g Weiße Rüben (z. B. Teltower Rübchen oder Herbstrüben)
250 g Pastinaken
250 g Möhren
3 Schalotten
3 kleine Zweige Thymian
2 Msp. Zucker
1 Lorbeerblatt

■ Einen Römertopf nach Herstelleranweisung wässern. Inzwischen von den Entenkeulen überstehende Fettränder abschneiden. Die Keulen trocken tupfen, salzen und pfeffern. Eine Pfanne ohne Fett erhitzen, die Keulen darin portionsweise auf der Hautseite 3 Minuten anbraten. Dann wenden und auf der Fleischseite 2 Minuten anbraten. Den Bratensatz mit Fond oder Brühe unter Rühren loskochen.

■ Rübchen, Pastinaken und Möhren waschen, schälen und in große Stücke schneiden. Schalotten abziehen und vierteln. Thymian waschen, trocken schütteln. Alles vermischen, mit Salz, Pfeffer und Zucker würzen.

■ Gemüse-Kräuter-Mix mit dem Lorbeerblatt und den Entenkeulen in den abgetropften Römertopf füllen. Den losgekochten Bratensatz darüber gießen. Tontopf schließen, in den kalten Backofen auf die unterste Schiene stellen. Ofen auf 200 °C schalten. Entenkeulen und Rübchen 1 Stunde garen. Zum Servieren nach Belieben Haut und Knochen von den Keulen entfernen. Das Rüben-Gemüse mit Salz und Pfeffer abschmecken. Fleisch und Gemüse samt Garflüssigkeit auf Tellern anrichten. Dazu schmecken Petersilienkartoffeln.

Tipp
Wer keine Rübchen bekommt oder mag, kann die Entenkeulen auch mit Fenchel zubereiten. Dafür 2 große Fenchelknollen putzen und in dicke Spalten schneiden. 250 g Möhren waschen, schälen und in grobe Stücke schneiden. 3 Schalotten abziehen und vierteln. Diesen Gemüse-Mix mit etwas Thymian und den vorbereiteten Entenkeulen in den gewässerten Römertopf geben und wie im Rezept oben beschrieben garen.

Bauernente mit Wirsing

HAUPTGERICHT
FÜR 4 PORTIONEN

Für die Ente
1 bratfertig vorbereitete Bauernente (2,8–3 kg, ohne Innereien)
Salz, Pfeffer aus der Mühle
1 Zwiebel
1 großes Bund Suppengemüse
1 EL Hagebuttenmark oder Quittengelee

Für den Wirsing
1 Kopf Wirsing (ca. 800 g)
1 Zwiebel
1 1/2 EL Butter
1/2 TL abgeriebene Bio-Zitronenschale
Salz, Pfeffer aus der Mühle
1 Msp. Zucker
ca. 200 ml Gemüsebrühe
200 g Sahne
frisch gemahlene Muskatnuss

■ Die Ente Zimmertemperatur annehmen lassen. Den Backofen auf 120 °C (Ober- und Unterhitze) vorheizen. Von der Ente das sichtbare Fett an der Bauchöffnung und den Bürzel entfernen. Flügelspitzen und Hals abtrennen, in Stücke teilen. Ente innen und außen waschen, trocken tupfen, salzen und pfeffern. Seitlich in einen großen Bräter legen, Flügelspitzen und Hals zugeben und 300 ml heißes Wasser angießen. Die Ente insgesamt 3 Stunden im offenen Bräter braten, dabei immer wieder mit der Flüssigkeit aus dem Bräter begießen.

■ Ente nach gut 1 Stunde auf die andere Seite legen. Zwiebel und Suppengemüse putzen, in kleine Stücke schneiden, zur Ente in den Bräter geben.

■ Nach 2 Stunden die Temperatur auf 200 °C erhöhen. Die Ente auf den Rücken drehen und goldbraun und knusprig werden lassen. Sie ist gar, wenn beim Einstechen in eine Keule klarer Fleischsaft austritt oder das Fleischthermometer zwischen 80 und 90 °C anzeigt.

■ Etwa 30 Minuten vor Garzeitende der Gans den Wirsing vierteln, äußere Blätter und Strunk entfernen. Die Viertel quer in 2 cm breite Streifen schneiden. Zwiebel abziehen, klein würfeln. Butter erhitzen, Zwiebel darin glasig dünsten. Wirsing und Zitronenschale zufügen, 2 Minuten mitdünsten. Mit Salz, Pfeffer und Zucker würzen und mit 150 ml Brühe ablöschen. Gemüse zugedeckt 12–14 Minuten dünsten. Fall nötig, noch Brühe nachgießen. Sahne unterrühren, aufkochen lassen, eventuell binden. Wirsing mit Salz, Pfeffer und Muskat abschmecken.

■ Ente aus dem Ofen und dem Bräter nehmen, Brust und Keulen mit einem scharfen Messer von den Knochen abtrennen, Brust in Scheiben schneiden, Keulen halbieren. Die Flüssigkeit samt Zutaten aus dem Bräter durch ein feines Sieb in einen Topf gießen und mit einer Fett-Trennkanne entfetten. Die fettreduzierte Sauce erhitzen, mit Hagebuttenmark oder Quittengelee verrühren. Ente mit Sauce und Wirsing anrichten. Dazu schmecken Kartoffeln oder Kartoffelknödel (s. S. 59).

Entenbrust im Aroma-Sud gegart

Hauptgericht
Für 4 Portionen

je 4 Zweige Rosmarin und Thymian
2 kleine Lorbeerblätter
1 TL Pimentkörner
1 TL Koriandersamen
1/2 Zimtstange
1 Stück Sternanis
400 ml kräftiger trockener Rotwein
2 Entenbrustfilets à ca. 350 g
Salz, Pfeffer aus der Mühle
3 rote Zwiebeln
1 EL Butterschmalz
200 ml Entenfond oder Gemüsebrühe
1 TL Speisestärke
50 g kalte Butter (gewürfelt)

■ Für den Aroma-Sud die Kräuter waschen, trocken schütteln und in Stücke teilen. Lorbeer in Stücke brechen. Piment und Koriander mit der Messerbreitseite anquetschen. Alles mit Zimt, Sternanis und Wein in einen Topf geben. Aufkochen und offen bei starker Hitze auf etwa die Hälfte der Weinmenge einkochen.

■ Inzwischen von den Entenbrüsten behutsam die Haut ablösen, beiseite stellen. Das Fleisch trocken tupfen, salzen und pfeffern. Die Zwiebeln abziehen, halbieren und längs in dünne Streifen schneiden. Backofen auf 85 °C vorheizen. Butterschmalz in einer ofenfesten Pfanne mit hohem Rand erhitzen. Entenbrüste darin von jeder Seite 1 Minute anbraten, herausheben. Zwiebeln im Bratfett glasig dünsten. Fond oder Brühe zugießen. Weinsud durch ein Sieb in den Bräter gießen, salzen, pfeffern und wieder aufkochen.

■ Entenbrüste in den kochenden Sud legen. Die Pfanne in den Ofen stellen und das Fleisch je nach Dicke 30–40 Minuten garen (bis zu einer Kerntemperatur von 62–65 °C).

■ Inzwischen die Entenhaut würfeln und in einer Pfanne knusprig braten, leicht salzen. Pfanne aus dem Ofen nehmen. Entenbrüste aus dem Sud heben und im ausgeschalteten Ofen warm halten. Sud durch ein Sieb in einen Topf gießen. Die Zwiebeln aus dem Sieb nehmen, im Ofen warm stellen. Sud aufkochen, mit angerührter Stärke binden und die kalte Butter unterschlagen. Die Sauce eventuell mit Salz und Pfeffer nachwürzen.

■ Entenbrüste in Scheiben schneiden, mit den Zwiebeln und der Sauce anrichten und mit den knusprigen Hautwürfeln bestreut servieren. Dazu schmecken Spätzle oder Kartoffeln und Blumenkohlgemüse.

Info
Evi Heimpoldinger aus dem Oberbayerischen ist eine Genuss-Freundin der Autorin. Die gute Qualität der Zutaten ist ihr wichtig und das gewisse Etwas auf der Zunge ihre Passion. Aber die Zubereitung eines Rezeptes darf bitte nicht lange dauern.

Barbarie-Entenbrust auf Kartoffel-Linsen-Salat

HAUPTGERICHT
FÜR 4 PORTIONEN

150 g kleine schwarze Linsen (z. B. Belugalinsen)
600 g kleine festkochende Kartoffeln (z. B. Drillinge)
1 Schalotte
4–6 EL heller Essig (z. B. Himbeeressig)
Salz, Pfeffer aus der Mühle
5 EL Sonnenblumenöl
500 ml Gemüsebrühe
2 Barbarie-Entenbrustfilets (à ca. 300 g)
1/2 Bund Schnittlauch

■ Die Linsen verlesen, in einem Sieb abbrausen und abtropfen lassen. Kartoffeln waschen, ungeschält in Salzwasser in etwa 20 Minuten gar kochen. Inzwischen für die Marinade die Schalotte schälen und möglichst fein würfeln. 4-5 EL Essig mit etwas Salz, Pfeffer und dem Öl verrühren. Die Schalotten untermischen.

■ Von der Brühe 350 ml aufkochen, die Linsen darin zugedeckt 15–20 Minuten köcheln, bis sie weich sind, aber nicht zerfallen. In einem Sieb abtropfen lassen. Den Backofen auf 80 °C vorheizen.

■ Die Fettschicht der Entenbrüste rautenförmig einschneiden, aber nicht ins Fleisch schneiden. Entenbrüste trocken tupfen. Mit Salz und Pfeffer einreiben. In einer heißen Pfanne auf der Fettseite etwa 8 Minuten knusprig braten. Wenden und nochmals etwa 8 Minuten braten. Entenbrüste im Backofen warm stellen.

■ Schnittlauch waschen, trocken schütteln und in feine Röllchen schneiden. Restliche Brühe erhitzen. Die Kartoffeln abgießen, ausdampfen lassen. Noch heiß pellen, in Scheiben schneiden und mit der heißen Brühe übergießen. Kartoffeln mit den Linsen, dem Schnittlauch und der Marinade locker vermengen, dabei nicht zu viel umrühren. Den Salat mit Salz, Pfeffer und übrigem Essig abschmecken.

■ Entenbrüste in dünne Scheiben schneiden. Sofort mit dem lauwarmen Kartoffel-Linsen-Salat anrichten und servieren.

Feiner Aufstrich von der Gans

Vorspeise/Snack
Für 8 Portionen

3 Gänsekeulen à ca. 400 g
20 g Zucker
30 g Salz
2 Lorbeerblätter
200 g Gänseschmalz
10 Pimentkörner
10 Wacholderbeeren
10 schwarze Pfefferkörner
1 Bio-Zitrone
1 TL frische Thymianblättchen
Salz zum Abschmecken

Info
Die saarländische Kochkultur kann einige französische Akzente nicht verheimlichen. Diese vertragen sich aber bestens mit der sonst regional verwurzelten Küche – wie man schmeckt.

■ Am Vortag die Gänsekeulen mit Salz und Pfeffer einreiben und zugedeckt mindestens 12 Stunden kalt stellen.

■ Keulen in einen Topf legen und mit kochendem Wasser bedecken. Aufkochen und zugedeckt bei kleiner Hitze etwa 2 Stunden sanft köcheln lassen. Dabei ab und zu den entstehenden Schaum abschöpfen. Keulen herausnehmen und abkühlen lassen.

■ Gänsefond durch ein feines Sieb in einen kleinen Topf gießen, offen bei starker Hitze auf etwa 150 ml einkochen lassen. Inzwischen die Gänsekeulen von Haut, Knochen, Knorpel und Sehnen befreien. Das Fleisch mit zwei Gabeln fein zerzupfen.

■ Lorbeer zerteilen. Gänseschmalz in einem breiten Topf erhitzen. Übrige Gewürze in einem Mörser fein zermahlen, mit Lorbeer zum Schmalz geben. Bei kleiner Hitze 10 Minuten ziehen lassen. Schmalz durch ein feines Sieb gießen.

■ Zitrone heiß waschen, trocken reiben und die Schale sehr fein abreiben. Gänsefleisch, Fond, Zitronenschale und Thymian zum Schmalz geben. Alles gut vermischen, leicht salzen. In kleine Gläser oder Tiegel füllen und in den Kühlschrank stellen. Vor dem Servieren knapp 10 Minuten temperieren. Dazu schmecken Nussbrot oder kräftiges Bauernbrot.

Klassischer Gänsebraten

Hauptgericht
Für 6 Portionen

1 bratfertig vorbereitete Gans (4–4,5 kg, ohne Innereien)
Salz, Pfeffer aus der Mühle
1/2 EL getrockneter Beifuß
2 Zwiebeln
3 säuerliche Äpfel
3 Stangen Staudensellerie
1/2 EL Majoran
600 ml Gänse- oder Geflügelfond
2–3 TL Speisestärke (nach Belieben)

Tipp
Dazu schmecken Kartoffelknödel (s. S. 59) und Rotkohl.

Info
Die Garprobe können Sie auch mit einem Fleischthermometer machen – es muss eine Kerntemperatur von 90–92 °C anzeigen. Zum Messen das Thermometer am besten zwischen Rumpf und Keule einstechen. Es darf nicht auf einem Knochen aufliegen.

■ Die Gans Zimmertemperatur annehmen lassen. Flügelspitzen und Hals der Gans abschneiden. Eventuell noch vorhandene Federkiele in der Haut mit einer Pinzette herausziehen. Das sichtbare Fett aus der Bauchhöhle der Gans ablösen. Das Geflügel innen und außen waschen, trocken tupfen, innen mit Salz und Pfeffer würzen.

■ Zwiebeln abziehen. Äpfel schälen, vierteln und entkernen. Sellerie waschen und putzen. Alles in kleine Stücke schneiden und mit Majoran und Beifuß mischen. In die Bauchöffnung füllen, mit Holzspießchen oder Küchengarn verschließen. Gans außen mit Salz und Pfeffer würzen. Die Keulen locker zusammenbinden.

■ Backofen auf 160 °C vorheizen (Ober- und Unterhitze). Gans mit der Brust nach unten in einen großen Bräter setzen und 200 ml Fond zugießen. Im Ofen (unterste Schiene) 30 Minuten braten.

■ Die Gans wenden und in 2,5–3 Stunden fertig braten. Währenddessen die Haut vor allem um die Keulen und um die Brust immer wieder mit einer Fleischgabel einstechen, damit das Fett ausbraten kann. Die Gans während der Bratzeit öfter mit der Bratflüssigkeit begießen. Falls nötig, etwas Wasser zugießen. Die Gans ist gar, wenn beim Einstechen in die Keulen klarer Fleischsaft herausfließt.

■ Die Temperatur auf 220 °C erhöhen. Die Gans aus dem Bräter heben und auf ein Backblech setzen. Im Backofen auf der untersten Schiene in 15–20 Minuten braun und knusprig braten.

■ Inzwischen die Bratflüssigkeit aus dem Bräter durch ein feines Sieb in einen Topf gießen. Bratensatz im Bräter eventuell mit etwas heißem Wasser lösen und auch in den Topf gießen. Alles mit Hilfe einer Fett-Trennkanne entfetten. Sauce mit dem übrigen Fond aufkochen. Nach Belieben mit Stärke binden und abschmecken. Warm stellen.

■ Die Gans portionieren: Brust und Keulen mit einem scharfen Messer von den Knochen trennen, Brust in Scheiben schneiden, Keulen halbieren. Den Gänsebraten mit der Sauce servieren.

Geräucherte Gänsebrust mit Radicchio

Vorspeise/Snack
Für 4 Portionen

8 kleine längliche Radicchio-Köpfe
2 EL Sonnenblumenöl
1 Prise Salz
1 Prise Zucker
2 EL Aceto balsamico (Balsamessig)
80 g Hartkäse am Stück (z. B. Bergkäse)
4 EL Öl (am besten Olivenöl)
schwarzer Pfeffer aus der Mühle
200 g dünn aufgeschnittene geräucherte Gänsebrust

■ Backofen auf 180 °C vorheizen. Radicchio waschen, putzen und längs halbieren. Sonnenblumenöl in einer großen ofenfesten Pfanne erhitzen. Die Radicchiohälften mit der Schnittfläche nach unten hineinlegen, mit Salz und Zucker bestreuen und mit dem Essig ablöschen. Radicchio sofort in den heißen Ofen stellen, 8 Minuten schmoren lassen.

■ Geschmorten Radicchio auf vorgewärmten Tellern anrichten. Den Käse in möglichst dünnen Spänen darüber hobeln. Radicchio mit dem Olivenöl beträufeln, mit grob gemahlenem Pfeffer bestreuen. Mit der geräucherten Gänsebrust servieren. Dazu schmeckt knuspriges Mehrkorn-Stangenbrot.

Gänsebrust auf Rotkohlsalat

Hauptgericht
Für 4 Portionen

2 Gänsebrustfilets ohne Knochen (je ca. 400 g)
Salz, Pfeffer aus der Mühle
150 ml Geflügelfond (Glas)
400 g Rotkohl (geputzt)
200 g Blattsalate der Saison
200 g frisches Mango-Fruchtfleisch
3–5 EL Weißweinessig
1/2 EL Quitten- oder Apfelgelee
2–3 EL Öl
2 EL Walnusskerne (grob gehackt)

■ Die Haut der Gänsebrüste rautenförmig einschneiden. Filets rundum salzen und pfeffern. Eine Pfanne erhitzen. Gänsebrüste darin mit der Haut nach unten 5–6 Minuten goldbraun anbraten. Wenden und weitere 2 Minuten anbraten. Das Fett abgießen. Fond zum Gänsefleisch geben, zugedeckt 20–25 Minuten sanft schmoren.

■ Inzwischen den Rotkohl fein hobeln. In kochendem Salzwasser 1 Minute blanchieren. Abschrecken und abtropfen lassen. Blattsalate putzen, waschen, trocken schütteln und in fingerbreite Streifen schneiden. Mango-Fruchtfleisch in dünne Streifen schneiden.

■ Backofengrill vorheizen. Fleisch aus dem Fond heben, mit der Haut nach oben auf ein Backblech legen und 3–5 Minuten grillen, bis die Haut knusprig ist. Fleisch noch kurz ruhen lassen. Essig mit 3 EL Schmorfond, Gelee, Öl, Salz und Pfeffer verrühren. Rotkohl, Nüsse und Mango unterheben und abschmecken. Gänsebrüste in Scheiben schneiden und mit dem Salat anrichten.

Glasiertes Gänsebrustfilet

Hauptgericht
Für 4 Portionen

2 Gänsebrustfilets à 350–400 g (z. B. von der Bayerischen Landgans)
Salz, grob gemahlener Pfeffer aus der Mühle
200 ml trockener Weißwein
1 EL flüssiger Bienenhonig (z. B. Waldhonig)
2 Msp. gemahlener Koriander
200 ml Gänse- oder Geflügelfond
1 EL kalte Butter (gewürfelt)

Info
Die Bayerische Landgans, diese stark gefährdete und hauptsächlich in Bayern vorkommende Weidegans, stammt von der Graugans ab. Ihr Schlachtgewicht beträgt 3,5 bis 5 Kilo, sie ist vollfleischig und nicht fett. Die Bayerische Landgans hat ein freundliches Wesen und ist ebenso flugfreudig wie auch standorttreu.

■ Die Gänsebrustfilets Zimmertemperatur annehmen lassen, trocken tupfen, die Haut mit einem Holzstäbchen mehrmals einstechen. Filets rundum mit Salz und Pfeffer würzen. Butterschmalz in einer Pfanne erhitzen. Gänsebrüste darin auf der Hautseite bei mittlerer Hitze in etwa 5 Minuten goldbraun anbraten, umdrehen und auf der Fleischseite 2 Minuten anbraten. Das Fett aus der Pfanne abgießen. 150 ml Wein zum Gänsefleisch geben, zugedeckt 30 Minuten sanft schmoren.

■ Den Backofengrill auf höchste Stufe stellen. Gänsebrustfilets aus der Pfanne nehmen und mit der Hautseite nach oben in eine ofenfeste vorgewärmte Form legen. Honig mit Koriander verrühren, die Hautseiten damit dünn bestreichen. Fleisch mit etwa 10 cm Abstand zu den Grillschlangen etwa 3–5 Minuten grillen, bis die Haut knusprig ist. Fleisch auf einem vorgewärmtem Teller noch kurz ruhen lassen.

■ Währenddessen für die Sauce den Bratensatz aus der Pfanne mit übrigem Wein und Fond loskochen. Koriander einrühren. Alles ohne Deckel bei starker Hitze um die Hälfte einkochen lassen. Butter unterschlagen und die Sauce abschmecken. Gänsebrustfilets in Scheiben schneiden und mit der Sauce anrichten. Dazu schmeckt Kürbis-Kartoffelstampf.

Kürbis-Kartoffelstampf

600 g Hokkaido-Kürbis
500 g mehligkochende Kartoffeln
Salz
1 kleiner Zweig Thymian
1 EL Butter
200 ml Milch
Pfeffer aus der Mühle
frisch geriebene Muskatnuss

■ Kürbis waschen, Kerne und faseriges Kürbisfleisch entfernen. Kürbis mit Schale klein würfeln. Kartoffeln schälen, waschen, klein würfeln. Thymian waschen. Alles in einem Topf mit leicht gesalzenem Wasser knapp bedecken und 20–25 Minuten sehr weich kochen.

■ Butter schmelzen und leicht bräunen. Milch erhitzen. Gemüsekochwasser abgießen, Thymian herausfischen. Den Kürbis-Kartoffel-Mix kurz ausdampfen lassen, mit der Butter und der Hälfte der Milch übergießen und mit einem Kartoffelstampfer zerdrücken. Dann nach und nach die übrige Milch zufügen. Mit Salz, Pfeffer und Muskatnuss abschmecken.

Beilagen

Zu unseren Fleischgerichten sind sie ideale Begleiter. Diese Beilagen machen den Genuss perfekt.

Rösti

Für 4 Portionen

600 g festkochende Kartoffeln
Salz, Pfeffer aus der Mühle
3 EL Rapsöl

■ Kartoffeln schälen, grob raspeln, in ein Küchentuch geben und gut ausdrücken. Kartoffelraspel mit Salz und Pfeffer würzen.

■ Öl in einer Pfanne erhitzen.

■ Je 1 EL Kartoffelraspel in die Pfanne geben, leicht flachdrücken und bei mittlerer Hitze von beiden Seiten goldgelb und knusprig braten.

Kartoffelgratin

Für 4 Portionen

50 g weiche Butter
1 kg vorwiegend festkochende Kartoffeln
Salz, Pfeffer aus der Mühle
frisch geriebene Muskatnuss
150 g Kochsahne
100 ml Milch

■ Eine große Gratinform leicht mit Butter einfetten. Backofen auf 200 °C vorheizen. Kartoffeln schälen, waschen und in dünne Scheiben hobeln oder schneiden.

■ Kartoffeln lagenweise dachziegelartig in die Form schichten, dabei jede Lage mit Salz, Pfeffer und Muskatnuss würzen. Sahne mit Milch mischen und über die Kartoffeln in die Form gießen.

■ Übrige Butter in Flöckchen auf der Oberfläche verteilen. Gratin im Ofen (Mitte) etwa 50 Minuten backen, bis die Kartoffeln weich sind.

Nuss-Spätzle

FÜR 4 PORTIONEN

300 g Mehl
100 g gemahlene Haselnüsse
Salz
4 Eier
2 EL Butter

■ Mehl mit Nüssen, 2 TL Salz, Eiern und etwa 125 ml kaltem Wasser zu einem zähflüssigen Teig verrühren. 30 Minuten ruhen lassen. Reichlich Salzwasser aufkochen.

■ Den Teig portionsweise in den Aufsatz des Spätzlehobels füllen und direkt ins siedende Wasser hobeln.

■ Spätzle aufkochen, dann ziehen lassen, bis sie an der Oberfläche schwimmen. Herausheben und abtropfen lassen. Butter erhitzen und über die fertigen Spätzle träufeln.

Gemüse-Hirsotto

FÜR 4 PORTIONEN

1 kleine Stange Lauch (geputzt)
1 Schalotte
1 Möhre
1/2 TL Thymianblättchen
1 EL Butter
Salz, Pfeffer aus der Mühle
200 g Hirse
500 ml Gemüsebrühe

■ Lauch längs halbieren, in Streifen schneiden. Schalotte und Möhre putzen, kein würfeln.

■ Gemüse mit Thymian in einem Topf in heißer Butter andünsten. Salzen und pfeffern.

■ Hirse in einem Sieb kalt waschen, in den Topf geben und kurz mitdünsten. Brühe zugießen.

■ Alles aufkochen, zugedeckt unter gelegentlichem Rühren 5 Minuten köcheln lassen. Vom Herd nehmen und 10 Minuten quellen lassen. Abschmecken.

Selleriepuffer

FÜR 4 PORTIONEN

500 g Knollensellerie
1 großer säuerlicher Apfel
(ca. 250 g)
1 EL Zitronensaft
1 Ei
2 EL Mehl
Salz, Pfeffer aus der Mühle
2 EL Butterschmalz

■ Sellerie schälen, waschen und fein raspeln. Apfel schälen, vierteln entkernen und ebenfalls raspeln. Beides mit Zitronensaft vermischen, in ein Küchentuch geben und gut ausdrücken.

■ Raspel mit Ei und Mehl mischen, salzen und pfeffern.

■ Schmalz in einer Pfanne erhitzen. Je 1 EL Masse in die Pfanne geben, leicht flachdrücken und bei mittlerer Hitze von beiden Seiten goldgelb und knusprig braten.

Register

Rezepte

Rezepte nach Fleischsorten

Schweinefleisch

Bezugsquellen – direkt vom Bauern

Der Web-Shop der Bäuerlichen Erzeugergemeinschaft Schwäbisch Hall, BESH
Über die Internetseite der Bäuerlichen Erzeugergemeinschaft Schwäbisch Hall gelangt man auch zu deren Web-Shop.
www.besh.de
www.shop.besh.de

BESH-Produkte in Ihrer Nähe
Über den Button „Einkaufsführer" und „BESH-Produkte finden" auf der Internetseite der BESH können Sie über Eingabe Ihrer Postleitzahl Geschäfte und Metzgereien in Ihrer Nähe finden, die BESH-Fleisch und andere BESH-Produkte führen.

Der Regionalmarkt Hohenlohe
Mitten im Hohenloheschen hat die BESH 2007 ein ländliches Marktzentrum mit über 3000 Erzeugnissen aus der Region Hohenlohe eröffnet. Bestandteil der bäuerlichen Markthalle ist auch die „Mohrenköpfle"-Gastronomie (s. S. 60).

Regionalmarkt Hohenlohe
Birkichstraße 10
74549 Wolpertshausen
Tel: 07904/9438010
Täglich von 7.00 bis 20.00 Uhr
Sonntag (Schautag) von 11.00 bis 18.00 Uhr
www.rmhohenlohe.de

Mohrenköpfle Gastronomie
Täglich von 8.00 bis 22.00 Uhr
Tel: 07904/9438080

Und hier die Kontaktdaten der übrigen im Buch vorgestellten Erzeuger. Auf den Internetseiten erhalten Sie viele interessante Informationen. Auf Anfrage wird Ihnen gerne mitgeteilt, wann und wo Produkte der betreffenden Höfe angeboten werden.

Archehof Schlickenrieder (S. 44)
Anja und Georg Schlickenrieder
Markweg 50
83624 Otterfing
Tel: 08024/92525
Fax: 08024/92526
www.archehof-schlickenrieder.de
gedschi@archehof-schlickenrieder.de

Bannmühle (S. 106)
Hans Pfeffer
Staudernheimerstrasse 1
55571 Odernheim
Tel: 06755/1053
Fax: 06755/1732
www.bannmuehle.de
info@bannmuehle.de

Brunnenhof – Mäusdorf (S. 166)
Maik Noz und Caroline v. Wistinghausen-Noz
Hohe Straße 25
74653 Künzelsau
Tel: 07940/2270
Fax: 07940/4911
www.gefluegelvombrunnenhof.de
info@gefluegelvombrunnenhof.de

Bioland-Hof Eggers (S. 162)
Herr und Frau Beeken
Kirchwerder Mühlendamm 5
21037 Hamburg
Tel: 040/72377385
Fax: 040/73506909
www.hof-eggers.de
info@hof-eggers.de

Klosterhof Bünghausen (S. 136)
Peter Schmidt und Susanne Schulte
Hömelstr. 12
51645 Gummersbach-Bünghausen
Tel: 02261/78369
www.klosterbauer.de
info@klosterbauer.de

Langenburger Schafkäserei (S. 140)
Berit und Norbert Fischer
Breberweg 2
74595 Langenburg
Tel: 07905/475
Fax: 07905/940443
www.schafskaese.com
roque-blue@gmx.de

Naturland- und Archehof Büning (S. 48)
Martin u. Maria Büning
Borghorster Str. 67
48366 Laer
Tel: 02554/8620
Fax: 02554/902896
www.naturlandhof-buening.de
info@naturlandhof-buening.de

Schäferhof in der Dümmerniederung (S. 144)
Michael Seel
Fischerstatt 119
49448 Stemshorn
Tel: 05443/2041780
www.schaeferhof-duemmer.de
info@biohof-seel.de

Schörgererhof (S. 120)
Penzingweg 17
A-6372 Oberndorf in Tirol
Tel: +43 (0)5352/6290544
Fax: +43 (0)5352/65466
www.schoergerer.at
hofkaeserei@schoergerer.at
info@schoergerer.at

Und wer zufällig einmal in München sein sollte und den Pschorr am Viktualienmarkt besuchen möchte, hier die Kontaktdaten:

Der Pschorr (S. 114)
Viktualienmarkt 15
80331 München
Tel: 089/4423839 40
Fax: 089/4423839 29
www.der-pschorr.de
info@der-pschorr.de

Genannt sei an dieser Stelle auch noch ein Versand für Fleisch mit Qualität auf Feinschmecker-Niveau, u. a auch von heimischem Rind, Kalb, Schwein, Lamm und Geflügel:

Gebrüder Otto Gourmet GmbH
Boos-Fremery-Straße 62
52525 Heinsberg
Tel: 02452/976260
Fax: 02452/9762612
www.otto-gourmet.de
info@otto-gourmet.de

Ökologische Lebensmittel erzeugt auch ein Netzwerk von regionalen Bauern im Großraum München. Im Mittelpunkt stehen die Herrmannsdorfer Landwerkstätten mit Geschäften und vielen anderen Bezugsquellen in und um München.

Herrmannsdorfer Landwerkstätten
Herrmannsdorf 7
85625 Glonn
Tel: 08093/90940
Fax: 08093/909410
www.herrmannsdorfer.de
glonn@herrmannsdorfer.de

Bildnachweis

ARCHE Austria – Verein zur Erhaltung seltener Nutztierrassen, www.arche-austria.at: S. 31 unten

Archehof Schlickenrieder: S. 44 alle

Maren Arndt: S. 126 unten

Bannmühle: S. 106 beide

Roland Bauer: S. 12, 15 unten links, 53, 60 oben, mitte oben, mitte unten, 95

Bäuerliche Erzeugergemeinschaft Schwäbisch Hall: Rücken, S. 15 beide oben, 26, 29 oben, 61, 69, 75

Adrian Deckers: S. 153 unten

Fotolia: S. 16, 32, 52, 94, 130

Archiv Freilichtmuseum Glentleiten: S. 82 oben (Gerhard Nixdorf)

Aleksandr Frolov: S. 30 unten

Zlatko Guzmic: S. 34, 86, 88, 128

Christian Habel: S. 81 oben

Haller Tagblatt: S. 19

Hof Eggers: S. 162 alle

Hof Schörgern: S. 120, 121

Andreas Huber: S. 11 oben links

Familie Iff-Faes: S. 83 oben

Vincent Klink: S. 96

Klosterhof Bünghausen: S. 136, 137 links, mitte

Simone Kuhnt: S. 137 rechts

Oliver Lange: S. 144

Langenburger Schafkäserei: S. 140

Bildagentur Look: U1 klein links, klein mitte rechts, U4 klein mitte rechts, klein rechts, S. 8 beide, 9 beide, 15 unten rechts, 78, 122, 125 beide, 126 oben, 127 unten, 148, 151 alle

LVR-Freilichtmuseum Kommern: S. 81 unten

Naturlandhof Büning: S. 48 beide

Der Pschorr: S. 114 beide (Jan Roeder, München), 115 beide

Claudia Schneider-Hahler: S. 77

Seehuber Fotografie: S. 20, 21

Stockfood: U1 groß, klein mitte links, U4 klein links, klein mitte links, S. 5 alle, 11 oben rechts, unten links, unten rechts, 17, 22, 23 alle, 24, 25 alle, 33 alle, 35, 36, 39, 41, 43, 47, 50, 54, 55, 57, 59, 52, 65, 66, 67, 68, 70, 73, 85, 87, 89, 90, 92, 93, 97 beide, 99, 100, 105, 109 alle, 111, 113, 119, 129, 131 alle, 132, 135, 141, 147, 154 beide, 155, 157 beide, 158, 161, 163, 165, 167, 168, 170, 171, 173, 176, 177, 179, 180, 181, 183, 186 alle

Touristikgemeinschaft Hohenlohe e.V.: S. 83 unten

Caroline von Wistinghausen-Noz: S. 152 oben, 153 oben, 166 alle

VR Bank Schwäbisch Hall: S. 60 unten

Martin Wagenhan: U1 klein rechts, S. 7, 18

Josef Wurm: S. 82 unten

Zoonar: S. 29 unten (Freestate), 31 oben (Xaver Wapelhorst), 127 oben (pegasus), 152 unten (Tobias Beckermann)

ISBN 978-3-86362-017-2

Redaktion und Projektbetreuung: Marcus Reckewitz, Bonn
Gestaltung, Bildredaktion und Satz: Christine Paxmann text • konzept • grafik, München

Alle Rezepte dieses Buches wurden mit Sorgfalt zusammengestellt und überprüft.
Eine Garantie kann jedoch nicht übernommen werden.

Printed in Italy 2013

Verlagswebsite: www.d-hverlag.de
Themenwebsite: www.aus-liebe-zum-landleben.de